붉나무네
자연 놀이터

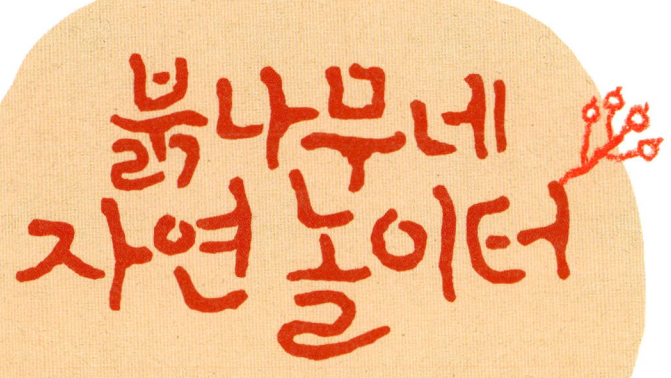

붉나무네 자연 놀이터

자연에서 놀고 만들고 그리는
놀이 400가지

글 그림 **붉나무**

얘들아, 문밖으로 나오렴!

붉나무

애들아, 이리 와!

어깨동무 놀이동무 모두모두 **붉나무네 자연 놀이터**로 놀러 와!

바람 불면 바람 불어 놀기 좋고, 햇살 받으면 으쓱으쓱 힘이 솟아 놀기 좋아.

장난감이 없어도 흙에서 놀면 재미있어. **돌멩이** 하나로 하루 종일 놀 수 있어.

봄 놀이터엔 봄나물이 먼저 마중 나왔어.

쑥, **냉이**, **제비꽃**, **민들레**는 맛도 좋고 놀기도 좋아.

시큼달큼 쌉싸름한 **진달래꽃**은 따서 맛보고,

바람에 날리는 **벚꽃잎**은 입으로 받아 먹어 봐.

여름 놀이터엔 **나뭇잎**, **풀잎**이 푸르러.

맛있는 잎사귀도 있고 **빵빵 터지는 잎사귀**도 있어.

재미난 **벌레 잡기**도 하고 **벌레 놀이**를 하다 보면 여름이 짧아.

가을 놀이터엔 **낙엽**이 가득해.

낙엽 둥지를 만들고 **낙엽 이불**을 덮어 봐.

낙엽을 오리고 접어 놀다 보면

낙엽이 얼마나 재미난 놀잇감인지 알 수 있어.

착착 들러붙는 **도꼬마리**, 탱글탱글 **도토리**가 여무는 가을은 정말 신나.

겨울 놀이터엔 **눈**이 펑펑 내리고 **얼음**이 꽁꽁 얼어 놀기 좋아.

따뜻한 방에 마주 앉아 **실뜨기**도 하고, **그림자놀이**도 하다 보면

긴긴 겨울밤도 지루하지 않아.

얘들아, 문을 열고 밖으로 나와 봐!

문밖이 바로 **붉나무네 자연 놀이터**야.

마을이 온통 **붉나무네 자연 놀이터**야.

차례

애들아, 문밖으로 나오렴! 4

반가운 봄 놀이터

마중 마중 봄마중 가자 나물 나물 봄나물하자 12

피었네, 피었네, 봄꽃 피었네 22

땅 땅 땅이 좋아 흙 흙 흙이 좋아 28

재주 많은 돌멩이 38

봄밤 별자리 관찰 46

신나는 여름 놀이터

여름 여름 여름의 맛 50

텃밭에서 놀자 꽃밭에서 놀자 60

누구나 좋아하는 숲 언제나 재미난 숲 68

고마운 잎사귀 재미난 잎사귀 74

재미난 벌레 잡기 신기한 벌레 놀이 82

늘 좋은 물 물 물 찰방찰방 신나는 물놀이 90

두근두근 여름밤 100

여름밤 별자리 관찰 104

재미난 가을 놀이터

한가위 좋고 좋은 날 휘영청 보름달 뜬다 108

반갑다, 가을 벌레들아! 116

낙엽, 낙엽, 참 좋은 낙엽 122

여물여물 열매 풀풀풀 풀씨 신나는 가을 놀이터 130

당글당글 가을 열매 별처럼 반짝반짝 140

가을밤 별자리 관찰 146

씩씩한 겨울 놀이터

눈이 펑펑 얼음이 꽁꽁 겨울이 좋아! 150

분다, 분다, 바람 분다! 멀리멀리 날아라! 156

겨울 숲이 준 보물 가지가지 나뭇가지 164

팅팅팅 통통통 깡통 들고 모여라! 174

손 손 손 재미난 손 182

실로 실로 실 놀이 재미 실실 웃음 실실 190

종이 종이 놀거리 가득! 200

뚝딱뚝딱 만들자 하루 꼬박 놀자 210

나무야 나무야 늘푸른나무야 220

겨울밤 별자리 관찰 230

작은 제목으로 찾아보기 232
동식물 이름으로 찾아보기 236

반가운 봄 놀이터

마중 마중 봄마중 가자
나물 나물 봄나물 하자

마중 마중 봄마중, 나물 나물 봄나물.
가자 가자 봄마중, 봄나물해서 봄마중.
여기저기 봄나물, 반갑고 반가운 봄나물.
한 풓 두 풓 돈나물, 이 개 저 개 지칭개.
길에 가면 질경이, 잡아 뜯어 꽃다지.
툭툭 튀어 벼룩나물, 반짝 빛나 쇠별꽃.
재미나다 광대나물, 너도나도 점나도나물.
맛이 좋은 봄나물, 놀기도 좋은 봄나물.

꽃다지

개망초

황새냉이

다닥냉이

쑥

냉이

점나도나물

방가지똥

여러 가지 모양 냉이 잎

고들빼기

꽃마리

별꽃

갈퀴덩굴

괭이밥

쇠별꽃

봄나물하기

봄볕 따사로운 날,
살랑살랑 봄바람 부는 날.
"동무들아, 나물하러 가자."
"바구니에 딱 먹을 만큼만 해 와야지."
뿌리도 맛있는 냉이나 고들빼기는 뿌리째 살살 캐.
쑥, 미나리, 돌나물, 개망초, 별꽃은
부드러운 잎이랑 줄기만 똑똑 뜯어.
"쑥은 쑥끼리 냉이는 냉이끼리 모아서 담아야지."
"이야, 바구니에 봄이 한가득이네."
흠흠흠, 봄 내음, 향긋향긋 좋구나, 좋아!

벼룩나물

광대나물

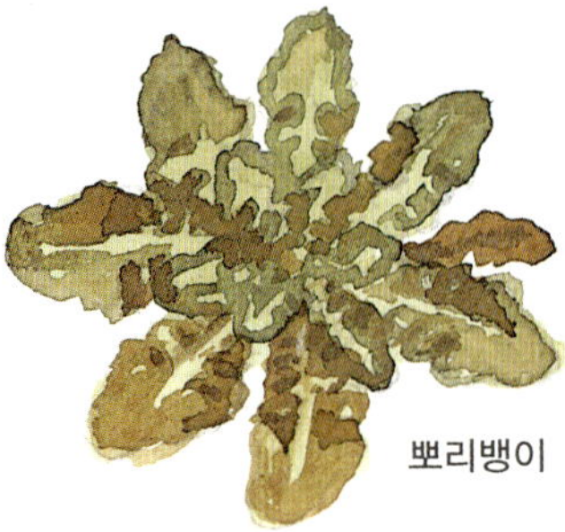

뿌리뱅이

미나리

나물 이름 맞히기

무슨 나물을 내놓을까?
지칭개를 내놓을까, 뿌리뱅이를 내놓을까?
동무들한테 무슨 나물이 없을까?
"음, 지칭개!"
"뭐야, 나한테 없는 나물이잖아!"
"헤헤, 그럴 줄 알았지롱!"

① 시간을 정해서 그 시간 동안만 나물을 해.
② 동무들이랑 둘러앉아서 차례를 정하고, 차례대로
   자기가 해 온 나물을 한 가지씩 이름을 대면서 내놓아.
③ 동무가 내놓은 나물이 있으면 살고 없으면 죽어.
   끝까지 남은 동무가 일등!

좀씀바귀

개불알풀

서양민들레

제비꽃

나물 맛보기

이 나물 저 나물 무슨 나물 했니?
"같은 나물끼리 모아 하나씩 맛을 봐야지."
신맛 나는 나물은 무얼까?
가장 쓴 나물은 지칭개일까, 씀바귀일까?
매운 맛 나는 나물은 무얼까?
"다닥냉이는 겨자처럼 톡 쏘게 매워."
"냉이, 쑥, 미나리, 나물마다 맛도 냄새도 다 달라."
"이 나물은 미끌미끌하고,
이 나물은 까칠까칠해."
맛도 보고 냄새도 맡고
손으로도 만져 봐.

지칭개

돌나물(돈나물)

애기수영

애기똥풀은 독이 있어서 먹으면 안 되니까 잘 골라내야 해.

줄기를 끊으면 노란색 즙이 나와.

애기똥풀

달맞이꽃

우욱, 써!

쌉싸래해.

나물 맛이 다 달라.

맵고 써.

씁쓸해.

냄새가 나.

봄맛 가득 비빔밥

가지가지 온갖 나물 한 움큼 넣었더니 봄 한 움큼!
봄맛 가득 비빔밥 한입 먹었더니 봄이 성큼성큼!

① 냉이, 미나리, 민들레를 물에 씻어.

② 물기를 탈탈 털고 먹기 좋게 잘라.

③ 개망초, 별꽃, 꽃마리, 질경이, 소리쟁이는 끓는 물에 데쳐. 물기를 꼭 짜서 먹기 좋게 잘라.

④ 양푼에 밥을 넣고 나물을 올려 고추장, 참기름, 깨소금을 넣고 싹싹 비벼. 달걀부침을 넣으면 더 맛나. 제비꽃도 예쁘게 올려 봐.

나물비빔밥

봄나들이 총총 주먹밥

조물조물 꼭꼭.
동글동글 나물주먹밥 만들어
봄나들이 가자, 총총총!

① 다닥냉이, 괭이밥을 씻어서 잘게 잘라.

나물주먹밥

② 밥에다 나물을 넣고 소금, 들기름, 깨소금을 넣어 잘 섞어. 김가루도 솔솔 뿌려.

③ 밥을 손에 쥐고 꼭꼭 뭉쳐서 동글동글 주먹밥을 만들어.

봄맞이 냉이된장국

흠흠, 냉이 냄새는 상큼한 봄 내음.
냠냠, 냉이된장국은 반가운 봄맞이!

 ① 멸치, 다시마로 국물을 내.

 ② 국물에 된장을 풀어.

 ③ 냉이를 넣고 한소끔 끓여.

냉이된장국

냉잇국 한 그릇 먹었더니 감기가 뚝 떨어졌어!

봄 내음 물씬 샌드위치

파릇파릇 봄나물이 샌드위치 속으로 쏙쏙.
봄 내음이 물씬물씬!

① 광대나물, 황새냉이, 꽃다지, 돌나물, 벼룩나물을 씻어서 물기를 탈탈 털어.

나물샌드위치

매실청　깨소금
간장

② 간장, 매실청, 깨소금을 넣고 잘 버무려.

꿀

③ 식빵 한쪽에다 꿀을 발라.

④ 식빵에 버무려 놓은 봄나물을 올리고 다른 식빵을 덮어.

17

봄봄봄 나물모둠전

봄엔 봄엔 나물모둠전. 동무 동무 둘러앉아 맛있게 오물오물.

① 별꽃, 점나도나물, 냉이, 쑥, 미나리, 광대나물, 개망초를 씻어서 먹기 좋게 잘라.

② 밀가루에 나물을 넣고 달걀, 소금, 깨소금, 물을 넣어서 잘 섞어.

③ 프라이팬에 기름을 두르고 반죽을 한 국자씩 넣어 노릇하게 부쳐.

봄 사랑 퐁퐁 꽃전

민들레꽃, 제비꽃, 어여쁜 꽃전.
꽃전에서 사랑 사랑 봄 사랑이 퐁퐁퐁!

나물모둠전

꿀

꽃전

① 찹쌀가루에 소금을 넣고 뜨거운 물로 되직하게 반죽해.

② 반죽을 치댄 뒤 조금씩 떼서 동글납작하게 빚어.

③ 잘 씻어서 물기를 뺀 민들레, 제비꽃 꽃잎과 이파리를 반죽 위에 올려.

④ 프라이팬에 기름을 두르고 약한 불에 지져.

풀꽃 바람개비 1

돈다 돈다!
빙글빙글 돌아간다.
풀꽃 바람개비
잘도 돌아간다.

자운영   토끼풀

① 민들레 꽃대
두 개를 톡톡 잘라.

② 꽃대 하나에는
자운영 꽃이나
토끼풀 잎을 꽂아.

③ 다른 꽃대로
후후 불면
빙글빙글 돌아.

풀꽃 바람개비 2

① 민들레 꽃대 양쪽 끝을
넷으로 똑같이 갈라.

풀꽃 바람개비 3

자운영 꽃대에다 솔잎을 끼운 뒤
솔잎 양쪽을 잡고 후후 불어.

② 물에 담그면
둥글게 말려.

③ 줄기 속에 솔잎이나
가는 막대를 끼워.

자운영

풀꽃 물방아

흐르는 물에다 나뭇가지로
받침대를 만들어 세우고
풀꽃 바람개비를 걸치면
물레방아가 돼.

④ 막대기 끝을
잡고 불어.

뱅뱅 돌아라!

맴맴 돌아라!

쇠뜨기 놀이

층층 마디가 재미난 쇠뜨기.
포자줄기 마디를 끊을까?
영양줄기 마디를 끊을까?
끊긴 마디를 동무들 몰래
다시 끼워 넣어.
"히히, 감쪽같지?
어느 마디가 끊겼게?"

← 포자줄기

← 영양줄기

땅속줄기에서
먼저 포자줄기가
자라나고 그다음에
영양줄기가
자라나.

쇠뜨기   ← 땅속줄기

어딜까?
알아맞혀 봐.

3층!

5층!

풀꽃 씨름

질경이 꽃대나 토끼풀 꽃대로
영차영차 풀꽃 씨름 해 볼까?
꽃대를 서로 엇갈려 걸어서 당겨!

질경이 토끼풀 제비꽃

질경이 잎자루 씨름

토끼풀 잎자루 씨름

제비꽃 꽃송이를 엇갈려 걸고 당겨.
꽃송이가 먼저 떨어지면 지는 거야.

머위 가면

머위 가면 쓰고 괴물 놀이 해 보자!

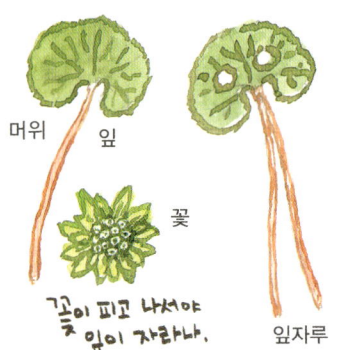
머위 잎 꽃 잎자루

꽃이 피고 나서야 잎이 자라나.

① 머위 잎에다 구멍을 뚫어
   눈을 만들고 잎자루를 둘로 갈라.

② 잎자루를 머리 뒤로
   둘러서 묶어.

머위 국자

① 머위 잎을   ② 잎자루 껍질을   ③ 잎을 오므려서
  점선대로   벗겨.   잎자루 껍질로
  뒤로 접어.   묶으면 완성!

머위 김밥

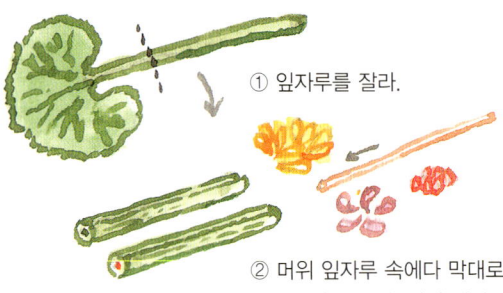
① 잎자루를 잘라.

② 머위 잎자루 속에다 막대로
   꽃잎을 꼭꼭 눌러서 채워 넣어.

③ 칼로 자르면 때깔 고운 머위 김밥!

꽃팔찌

제비꽃 꽃송이를 엇갈려 걸고 손목에다 둘러서 묶어.

토끼풀 꽃대에 손톱으로 구멍을 내고 다른 꽃대를 끼워서 손목에 두르고 묶어.

민들레 꽃대를 둘로 갈라 손목에 둘러서 묶어.

꽃반지

제비꽃이나 토끼풀 꽃자루를 둥글게 꼬아 감아서 손가락에 끼워.

꽃머리띠

어여쁜 꽃을 엮고 엮었더니 곱디 고운 꽃머리띠!
누구한테 선물할까?

토끼풀 자운영 붉은토끼풀 서양민들레

① 풀꽃을 따서 꽃대에 붙은 잎을 따 내.

② 꽃대를 그림처럼 차례대로 엮어.

③ 머리 크기에 맞게 잎자루로 양쪽 끝을 묶어.

양쪽으로도 엮을 수 있어.

꽃안경

① 민들레 꽃대 양쪽에다 손톱으로 구멍을 내.

② 자운영, 토끼풀 꽃대를 끼우면 멋진 꽃안경!

힝히, 내 안경 어때?

꽃목걸이

① 민들레 꽃대에 손톱으로 구멍을 내고 다른 꽃대를 끼워. 꽃을 계속 끼워서 이어.

② 양쪽 끝을 묶어.

피었네, 피었네, 봄꽃 피었네

봄 봄 봄, 반가운 봄.
피었네 피었네, 봄꽃 피었네.
분홍 진달래꽃, 노랑 개나리꽃.
종알종알 앵두꽃, 도란도란 복사꽃.
따복따복 매화꽃, 속살속살 살구꽃.
봄빛 닮은 봄꽃들 팡팡 펑펑 피었네.
봄바람 살랑이면 봄꽃 내음 휘날리고,
꽃 따러 손 뻗으면 꽃비가 흩뿌리네.

살구나무
앵두나무
벚나무
매실나무
조팝나무
귀룽나무
모과나무
복사나무

벚꽃잎 받아 먹기

살랑살랑 봄바람에 벚꽃잎이
화르르 화르르 날려.
"와, 하늘에서 꽃비가 내린다!"
"펄펄 꽃비 옵니다.
하늘에서 꽃비 옵니다."
"떨어지는 벚꽃잎 입으로 받아 먹기다!"
누가 누가 더 많이 받아 먹을까?
송이송이 눈꽃 같은
벚꽃잎은 무슨 맛일까?

꽃 피우기

"아, 내가 좋아하는 개나리꽃이 빨리 피었으면."
생강나무, 개나리, 진달래, 목련 나뭇가지를 잘 보면
꽃눈이 달려 있어.
"꽃눈에서 꽃이 피는 거야?"
"그럼. 꽃눈 달린 나뭇가지 가져다 미리 꽃을 피워 봐야지."
"히히, 꽃이 피면 집 안에 먼저 봄이 오겠다."

① 가지가 빽빽한 곳을 찾아 솎아 주듯 나뭇가지 두세 개를 잘라.
② 길쭉한 병에 물을 담고 나뭇가지를 꽂아. 2~3일에 한 번씩 물을 갈아 줘.

진달래꽃 맛보기

먹을 수 있는 진달래꽃은 참꽃.
먹을 수 없는 철쭉은 개꽃.
진달래꽃이랑 철쭉꽃을
잘 가려서 먹어야겠다.
진달래꽃도 꽃술은 먹으면 안 돼.
꽃술은 떼어 내고 꽃잎만 먹어.
참꽃 진달래꽃은 어떤 맛일까?

진달래

진달래 꽃술 씨름

진달래 꽃술을 서로 엇갈려 걸고는 당겨라!
조심조심 살금살금 진달래 꽃술 씨름!
꽃잎은 먹고 꽃술로는 씨름하고.
"야, 까딱하면 끊어지니까 살살 잘해!"
"힝, 내 꽃술이 끊어졌다. 내가 졌다!"

꽃목걸이랑 꽃머리띠

진달래꽃 목걸이 하고 봄나들이 갈까?
개나리꽃 머리띠 하고 봄잔치 갈까?
철쭉꽃 목걸이 다람쥐한테 자랑할까?
벚꽃 머리띠 두더지한테 선물할까?

벚꽃 머리띠

① 바늘에 실을 꿰어서 실 끝에다 나뭇가지를 묶어.

개나리꽃, 진달래꽃, 철쭉꽃 머리띠

① 솔잎 사이에 실을 끼워.

② 땅에 떨어진 벚꽃잎을 바늘로 콕콕 찔러서 실에 꿰어.

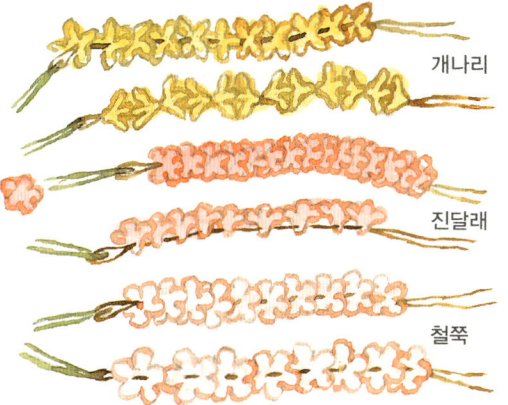

개나리
진달래
철쭉

② 개나리꽃, 진달래꽃, 철쭉꽃을 차례차례 끼워.

③ 촘촘하게 꿰었으면 바늘이랑 나뭇가지는 빼고 양쪽 끝을 묶어.

여러 가지 모양으로 꽃을 끼우면 돼.

꽃머리핀

봄꽃만 있으면 이쁜 꽃머리핀도 뚝딱!
"개나리꽃 머리핀 만들어 줄까?
진달래꽃 머리핀? 철쭉꽃 머리핀?"
"나도 만들어 줘! 나는 가슴에다 꽂을 테야."

③ 솔잎을 빼고 양쪽 끝을 묶어서
목에 걸면 꽃목걸이,
머리에 두르면 꽃머리띠!

백목련 꽃잎 그림 그리기

백목련 꽃잎은 작은 도화지.
요렇게 쓱싹 그리면 토끼가 깡충.
조렇게 쓱싹 그리면 나비가 팔랑.
"나뭇가지로 점을 꾹꾹 찍어 그려야지."
"꼬챙이로 점을 콕콕 찍어 그려야지."
꽃잎 위에서 동무도 웃고 봄도 웃어.

수수꽃다리 꽃잎 찾기

이름도 이쁜 수수꽃다리, 향기도 좋은 수수꽃다리.
오종종한 꽃도 귀여운 수수꽃다리.
"어, 수수꽃다리는 꽃잎 위가 네 갈래로 갈라지네."
"다섯 갈래로 갈라진 꽃잎도 있으니까 찾아봐."
"여기, 여기 있다! 내가 먼저 찾았지롱!"
다섯 갈래 꽃잎을 먹으면 좋은 일이 생긴대.
"우히히, 나는 백 개 찾아서 먹어야지!"

벚꽃잎 날리기

와, 벚꽃잎이 땅바닥에 수북하다.
벚꽃잎이 꼭 함박눈 같아.
벚꽃잎을 모아서 날리기 하자!
바람 불 때 날리면 더 재미나지.

봄에 맨 처음 본 나비는?

팔랑팔랑 팔랑팔랑.
봄꽃 둘레를 빙빙 뱅뱅, 사라졌다 나타났다!
"나비다, 나비!"
동무들아, 어떤 나비를 맨 처음 봤니?
"헤헤, 나는 운 좋은 호랑나비!"
"에잇, 나는 운 나쁜 흰나비잖아!"
옛날 사람들은 왜 흰나비를 싫어했을까?
흰나비가 배추랑 무를 갉아먹으니까 그랬을 테지.
"지금은 옛날이 아니니까 어떤 나비를 보더라도 운 좋기!"
봄날 어떤 나비를 만난들 어때? 그저 반갑구나, 반가워!

멧노랑나비

네발나비

배추흰나비

노랑나비

호랑나비

제비나비

푸른부전나비

주홍부전나비

암먹부전나비

뿔나비

큰줄흰나비

땅 땅 땅이 좋아
흙 흙 흙이 좋아

땅 땅 넓은 땅, 땅 땅 놀이터.
땅 땅 어디나 땅, 땅 땅 재미나.
땅에는 땅에는 흙 가득.
나무도 풀도 키우는, 엄마 같은 흙.
지렁이도 먹여 살리는, 밥 같은 흙.
보들보들 부슬부슬 까칠까칠
우리들 손에서 노는 흙.
흙은 흙은 무엇이든 다 돼.
흙이 있어 고맙다, 고마워!

땅바닥에 그림 그리기

땅은 커다랗고 커다란 도화지.
무슨 그림이든 그릴 수 있어.
어마어마하게 큰 공룡도 그릴 수 있어.
망쳐도 괜찮아. 발로 샤샤샥 지우고 다시 그리면 돼.
쓱싹쓱싹 지우고 쏙싹쏙싹 다시 그리고.
혼자서 그려도, 여럿이 모여 함께 그려도 좋아.
"나는 물총에다 물을 담아서 그릴 테야."
"그럼 난 물주전자로 그릴 테다!"

달팽이 놀이

동글동글 달팽이집에서
달팽이처럼 느릿느릿 가면 져.
씽씽씽 바람처럼 빨리 달려야 해.
빙글빙글빙글 뱅글뱅글뱅글.
"어구구, 어지러워!
머리가 빙빙 돌아."

① 땅바닥에다 달팽이집 놀이판을 그려.
② 두 편으로 갈라서, 한 편은 안쪽에서 다른 편은 바깥쪽에서 시작해.
③ 시작하면 한 사람씩 안쪽 편은 바깥으로, 바깥쪽 편은 안으로 달려가. 금을 밟지 말고 달려야 해.
④ 다른 편을 만나면 마주 서서 가위바위보를 해.
⑤ 이긴 사람은 계속 달리고, 진 사람은 자기 집으로 다시 돌아가.
⑥ 자기편이 졌으면 빨리 다른 사람이 나가야 해.
⑦ 다른 편 문 안으로 먼저 들어가면 이겨.
⑧ 안쪽과 바깥쪽을 바꿔서 다시 시작해.

이럴 때 죽어
• 달리다가 금을 밟았을 때!

팔(8)자 놀이

꼬부랑꼬부랑 팔(8)자 모양 따라
꼬부랑꼬부랑 달아나야지.
"빨랑빨랑 도망가자!"
"어서어서 건너가!"
폴짝폴짝 건너가면 술래는 잉잉잉.
"두고 봐, 거꾸로 가서 잡을 테야!"
술래는 마음도 꼬부랑꼬부랑.

① 땅바닥에다 양쪽 끝이 끊어진
   팔(8)자 모양 놀이판을 그려.
② 가위바위보로 술래를 한 명 뽑아.
③ 술래가 "무궁화꽃이 피었습니다!"
   하면 시작해. 술래한테 잡히면
   안 되니까 길을 따라 달아나.
④ 술래는 길이 끊긴 데를 못 건너고
   다른 사람들은 건너서 달아날 수 있어.
⑤ 술래한테 치이거나 금을 밟으면
   술래가 돼.
⑥ 술래가 새로 나오면 ③부터 다시 해.

이럴 때 죽어
- 금을 밟거나 금 밖으로 나갔을 때!
- 손으로 땅을 짚었을 때!

땅따먹기

동무들아, 땅따먹기 하러 운동장에 가자.
넓은 땅이 있으면 어디서든 할 수 있어.
"발이 크니까 집도 크네."

① 저마다 작고 둥글납작한 돌을 구해 놔.
땅바닥에다 커다란 원이나 사각형을 그려.

② 발을 컴퍼스 삼아 자기 집을 둥글게 그린 다음 가위바위보로 차례를 정해.

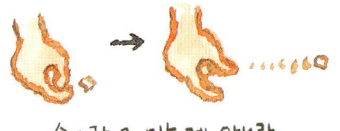

이럴 때 죽어
• 돌이 선에 걸칠 때!
• 돌이 자기 집에 못 들어올 때!

③ 자기 집에서 돌을 손톱으로 튕겨서
돌이 지나간 자리를 따라 선을 그어.
돌을 세 번 튕겨서 다시 자기 집으로 돌아오면
선으로 이어진 데가 자기 땅이 돼.

④ 뼘을 재서
두 선이 닿는 곳 안쪽도
자기 땅이 돼.

⑤ 세 번 튕겨서 자기 집으로
못 들어가면 죽어.
그럼 차례대로 다른 사람이 해.
⑥ 다른 사람 땅이라도 돌아서
자기 집으로 들어오면
따먹을 수 있어.
⑦ 남은 땅이 없어질 때까지 하고,
땅이 가장 넓은 사람이 이겨.

두꺼비집 짓기

"두껍아 두껍아, 물 길어 오너라. 너희 집 지어 줄게."
"두껍아 두껍아, 뚤레뚤레 오너라."
손등에다 흙을 많이 많이 단단하게 쌓아 올려.
너무 많이 쌓아 올리면 손 빼기가 힘들어.
살살살 살살살 무너지지 않게 잘 빼야 해.

흙공 깨기

진흙, 모래흙, 산 흙, 밭 흙, 붉은 흙, 검은 흙.
흙은 참 가지가지 많기도 하다.
꽁꽁 뭉치면 어떤 흙이 더 단단하게 뭉쳐질까?
물을 섞으면 더 단단해질까?
햇볕에 말리면 더 단단해질까?

① 한쪽 손등 위에다 흙을 쌓아.
   흙이 말라서 잘 안 뭉쳐지면 물을 섞어.

① 흙을 주먹만 하게 단단히 뭉쳐서
   흙공을 여러 개 만들어.

② '두껍아 두껍아' 노래를 부르면서
   흙을 툭툭 툭툭 두드려 다져.

③ 흙더미가 무너지지 않게
   손을 슬며시 빼내면 두꺼비집 완성.

② 가위바위보해서 진 사람은 흙공을 땅에 놔.
   이긴 사람은 위에서 흙공을 떨어뜨려서
   상대방 흙공을 깨뜨려.
③ 상대방 흙공이 깨졌으면 계속하고
   깨지지 않았으면 차례를 바꿔서 해.

깃대 쓰러뜨리기

흙을 모아서 산처럼 높게 쌓고 깃대를 꽂아.
"처음이니까 흙을 왕창 가져가야지."
"흙이 얼마 안 남았어! 깃대가 쓰러질 거 같아.
쪼금쪼금만 조심조심 가져가야지."
흔들흔들 기우뚱기우뚱 깃대가 쓰러질 거 같아.
"어이쿠, 쓰러졌다. 망했다! 내가 꼴찌다!"

① 흙을 모아서 쌓아 놓고 꼭대기에다 나뭇가지를 꽂아.
② 가위바위보로 차례를 정해.
③ 이긴 차례대로 두 손으로 흙을 긁어서
   가져가고 싶은 만큼 가져가.
   자기 차례가 오면 꼭 흙을 가져가야 해.
④ 나무 막대기를 쓰러뜨리는 사람은 죽어.
   나머지 사람들끼리 처음부터 다시 시작하는데
   흙을 많이 가져간 차례대로 해.
⑤ 한 사람만 남을 때까지 계속해.

숨은 글자 찾기

"무슨 글자를 숨길까?"
"흐흐, 동무 이름 새겨야지."
흙을 솔솔 잘 뿌려서, 글자를 꼭꼭 숨겨.
싹싹싹 흙을 쓸어. 쓱쓱쓱 흙을 치워.
"나왔다, 나왔다! 내 이름이 나왔다!"

① 땅이 단단한 곳을 찾아서
   서로 어느 정도 거리를 두고 흩어져.
② 땅에다 숨기고 싶은 글자를
   나무 막대기 따위로 깊게 파서 새겨.
③ 파 놓은 글자 위에 흙을 뿌려서 숨겨.
④ 숨긴 글자 둘레에다 원을 그려 줘.
⑤ 흙을 후 불거나 손으로 살살 쓸어서
   서로 숨긴 글자를 알아맞혀.

맨발로 숲길 걷기

맨발로 흙을 밟고 걸어 봐. 발가락 사이로 흙이 쑥쑥
발바닥이 미끌미끌 조금만 걸어도 무척 재미나.

흙 파기

숲길을 걸으면서
붉은색 찰흙을 찾아볼까?
찰흙을 찾으면 그릇에
잘 퍼 담아 가져가자.

흙 체 치기

숲에서 담아 온 찰흙을
체로 쳐서 곱게 걸러.
굵은 모래나 나뭇가지 따위는
모두 걸러 내.

흙 반죽

곱게 거른 흙가루에다
물을 부어 반죽해.
조물조물 잘 주물러
찰흙 덩이를 만들어.

찰흙으로 만들기

귀가 쫑긋 토끼
튼튼한 다리 공룡
몸이 길쭉 뱀
동글동글 바퀴 달린 자동차!
모두모두 뚝딱뚝딱 만들자.
만들고 싶은 건 다 만들자.

찰흙 던지기

동글동글 찰흙 경단을 만들자.
목표물을 정하고
얍! 얍! 던져서
맞추기 놀이를 해 봐.

흙물로 얼굴 꾸미기

찰흙을 물에 풀면 멋진 색깔이 나오지.
찰흙물로 동무 얼굴을 예쁘게 꾸며 주자.
호랑이가 될까, 고양이가 될까?

찰흙 길게 늘이기

산할아버지 수염처럼
찰흙을 기다랗게 늘여 보자.
누가 누가 더 길까?

흙 속 벌레 찾기

흙속에는 어떤 벌레가 살고 있을까?
"나는야 벌레 찾는 탐정이다!"
"앗, 벌레다! 너무 작아서
눈에 보일락 말락 해."
"흙속은 벌레들 왕국인 거 같아."

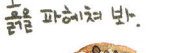

① 숲이나 밭에 있는 흙을 떠 와서 밑에 쟁반을 받쳐 놓고 체에다 조금씩 쳐.

② 작은 벌레는 젖은 붓으로 살짝 묻혀서 병에 담아.

③ 체에 남은 낙엽과 흙을 쟁반에 쏟고는 살살 헤쳐 가면서 벌레를 찾아.

흙속에 사는 벌레

흙에는 아주아주 많은 벌레들이 살아.
흙은 벌레들 먹이가 되기도 하고, 집이 되기도 해.
벌레들은 흙에다 쏭쏭 알을 낳기도 하고,
또 위험할 때는 흙속에 꼭꼭 몸을 숨겨.
흙에 사는 벌레는 너무 작아서
맨눈으로 볼 수 없는 게 많아.
벌레들이 있어서 흙이 건강하게 돼.

재주 많은 돌멩이

동글동글 웃는 돌멩이,
올통볼통 화난 돌멩이,
매끈매끈 멋쟁이 돌멩이,
까실까실 제멋대로 돌멩이.
가지가지 돌멩이,
흔하고 흔한 돌멩이.
가지가지 돌멩이에 내 얼굴도 그리고
두근두근 망놀이도 하고 뭐든지 다 해.
돌멩이 돌멩이, 참 재주 많은 돌멩이!

항아리, 기왓장, 벽돌 깨진 것도 있네.

공깃돌

망

골자기 돌멩이는 올통볼통 비죽비죽.

강가나 바닷가 돌멩이는 반질반질 동글동글.

돌멩이 찾기

돌멩이가 어디어디 많을까?
놀이터로 공원으로 쪼르르르.
다람쥐처럼 쪼르르르.
강가나 산골짜기에 가면
와! 가지가지 돌멩이 천지다.

돌탑 쌓기

조심조심 쌓아라!
시간을 딱 정하고 돌멩이를 층층이 쌓아.
누가 더 높이 쌓는지도 겨뤄 볼까?
나무 막대기로 누구 돌탑이 높은지 재어 봐.

돌탑 쓰러뜨리기

돌멩이를 던져서 돌탑을 맞히는 거야.
가위바위보로 누가 먼저 할지 차례를 정해.
층을 많이 쓰러뜨리면 이기는 거야.
잠깐, 돌멩이를 던질 때는 위험하니까
저만치 떨어져서 하고
사람 쪽으로 던지면 안 돼.

돌멩이 절구

넓적한 돌멩이를 골라서
풀잎 콩콩 꽃잎 콩콩 찧어
풀잎 떡 꽃잎 떡 만들자.

망 던져 넣기

"업어 줘!"
"정자 한 바퀴 돌고 와!"
망을 던져 넣어서 이기면
동무들한테 무슨 심부름이든 시킬 수 있어.

망은 비석치기 할 때 쓰는
작고 납작한 돌이야.

① 땅에 과녁을 그리고 몇 걸음 떨어진 자리에 금을 그어.
② 몇 점 낼지 정하고 가위바위보로 차례를 정해.
③ 망을 던져서 맨 먼저 점수를 낸 사람부터 등수를 매겨.
④ 1등부터 차례대로 심부름을 시켜.
   1등은 2등부터 꼴등까지, 2등은 3등부터 꼴등까지,
   이런 식으로 심부름을 시키는 거야.
⑤ 심부름이 다 끝나면 ②부터 다시 시작해.

망 줍기

"망아, 망아, 잘 들어가라."
휘이익! 망을 던지고
폴짝폴짝 팔짝팔짝 방을 지나고 지나
하늘 방까지 가는 건 정말 어렵다, 어려워.

① 땅에다 방을 그리고는 두 편으로 갈라.
② 가위바위보해서 이긴 편이 1번 방에다
　 망을 던져 놓고 시작해. 망이 있는 방은
　 들어가면 안 돼.
③ 1-2번, 4-5번, 7-8번 방은 두 발을 벌려서 딛고
　 3번과 6번 방은 깨끼발로 디뎌.
④ 7-8번 방까지 가서 몸을 돌려 나오다
　 망이 있는 바로 앞 방에서 망을 주워.
⑤ 1단계를 해내면 2번 방에다
　 망을 던지고 계속해.
⑥ 8단계까지 해내면 망을 하늘 방에다 던져 넣어.
　 하늘 방에 가서 망을 발등에 놓고
　 차 올려서 손으로 잡고 돌아와.
⑦ 방 밖에서 뒤돌아서서 머리 너머로 망을 던져.
　 이제 망이 들어간 방은 자기 땅이야.
　 다른 동무는 따먹힌 방에는 못 들어가고 건너뛰어야 해.
⑧ 방을 많이 따거나 망이 있는 방을 상대가 뛰어넘지 못하면 이겨.

이럴 때 죽어
· 금을 밟을 때!
· 망을 줍지 못할 때!
· 망이 금에 닿거나
　다른 곳에 들어갈 때!
· 다른 동무 땅에 발이나
　망이 들어갈 때!

편을 가를 때 동무들 수가
3, 5, 7처럼 딱 안 떨어지면
가장 어린 사람을
깍두기로 해. 깍두기는
이편저편 다 할 수 있어.

망 차기

툭! 툭! 툭! 깨끼발로 망을 발로 차.
"어이쿠, 망했다!"
세게 차서 망이 빗나가면 죽어!
살고 싶으면 살살, 다음 방으로
쏙 들어가게 차!

① 땅에 방을 그리고 가위바위보로 차례를 정해.
② 1번 방에 망을 던져 놓고 깨끼발로
　 들어가서 2번 방으로 망을 차.
③ 2-3-4-5-6-7-8까지
　 깨끼발로 망을 차.
④ 죽지 않고 돌아 나왔으면
　 2번 방에 던져 놓고 다시 해.
⑤ 8단계까지 다 해내면 방 밖에서
　 뒤돌아서서 머리 너머로 망을 던져
　 망이 놓인 방을 가져.
⑥ 방을 많이 가진 사람이 이기는 거야.

이럴 때 죽어
· 망이 금에 걸릴 때!
· 다음 방으로 들어가지
　못할 때!

비석치기

① 두 줄 나란히 금을 그어 놓고
   두 편으로 갈라서 가위바위보를 해.
② 진 편은 한쪽 금에 망을 세우고 이긴 편은
   반대쪽 금 밖에서 차례로 망을 던져 맞혀.
③ 망을 맞혀서 쓰러뜨리면 계속 던지고,
   못 쓰러뜨리면 다음 사람이 이어서 던져.
   한 명이라도 살아서 망을 다 쓰러뜨리면
   다음 단계로 올라가고 죽은 사람도
   다시 살아나.
④ 망을 다 쓰러뜨리지 못하고 모두 죽으면
   다른 편이 공격해.
⑤ 다시 공격할 때는 전에 죽은 단계부터 시작해.
⑥ 마지막 단계까지 먼저 해내는 편이 이겨.

이럴 때 죽어
- 가는 도중에 망을 떨어뜨릴 때!
- 비석을 쓰러뜨리지 못할 때!

비석치기 단계

① 금 밖에서 던지기
② 한 발 뛰어 던지기
③ 두 발 뛰어 던지기
④ 세 발 뛰어 던지기
⑤ 세 발 뛰어 차기

⑥ 도둑발 ⑦ 토끼뜀 ⑧ 오줌싸개 ⑨ 똥꼬 ⑩ 배사장 ⑪ 비행기

⑫ 신문팔이 ⑬ 훈장 ⑭ 등짐 ⑮ 떡장수 ⑯ 심봉사

돌돌돌 돌멩이 얼굴

벌렁벌렁 벌렁코, 우그렁쭈그렁 못난이,
하하호호 웃는 돌멩이 얼굴.
방긋 웃는 내 얼굴, 안경 쓴 동무 얼굴도
그려 봐.
하얀 수염 고양이랑 작은 코 강아지도
그렸어. 글자를 써도 재밌지.

많은 공기

탱글탱글 밤톨만 한 돌멩이가 어디 있나?
공기놀이하려면 돌멩이를 모아야 해.
동글동글한 돌멩이를 많이 모아 바닥에 펼쳐 놓고 공기놀이하자.

① 공깃돌을 오십 알 넘게 바닥에 펼쳐.
② 공깃돌을 한 주먹 잡아 위로 던져서 손등에 가장 많이 받은 사람부터 시작해.
③ 공깃돌을 한 주먹 잡아 위로 던져 손등으로 받은 다음 그 가운데 한 알만 받아.

④ 받은 한 알을 위로 던지고 바닥에 있는 공깃돌을 잡을 수 있을 만큼 쓸어 잡고는
  떨어지는 공깃돌을 받아. 잡은 공깃돌은 모두 가져가.

이럴 때 죽어
- 위로 던진 공깃돌을 받지 못할 때!
- 공깃돌을 쓸어 잡다가 다른 공깃돌을 건드릴 때!

⑤ 바닥에 공깃돌이 다 없어질 때까지 해서 공깃돌을 많이 가져간 사람이
  이기는 거야.

다섯 알 공기

① 몇 살 내기를 할지 정하고 차례도 정해.
② 공깃돌 다섯 알을 바닥에 흩뿌려.
　한 알 잡기→두 알 잡기→세 알 잡기→네 알 잡기→꺾기를 반복해서
　미리 정해 둔 나이가 먼저 된 사람이 이겨.

한 알 잡기

한 알 잡기는 공깃돌을 한 알 집어서 위로 던져 놓고 바닥에 있는 공깃돌을 한 알 잡은 다음
위에서 떨어지는 공깃돌을 받아. 이렇게 해서 네 알 모두 잡으면 끝.
두 알 잡기는 공깃돌을 위로 던져 놓고 두 알씩 잡으면 되고, 세 알 잡기는 세 알, 한 알 잡으면 돼.

네 알 잡기

네 알 잡기는 다섯 알을 다 쥔 채로 한 알을 위로 던지면서 나머지는 바닥에 내려놓고
떨어지는 한 알을 받아. 다시 한 알을 위로 던지고 바닥에 있는 네 알을 한꺼번에 쓸어 잡은 뒤
떨어지는 공깃돌을 받아.

꺾기　　　　　　　　　　　　　　　3년이다!

꺾기할 때
잡은 공깃돌
개수가
자기 나이야.

꺾기는 다섯 알을 위로 던져 손등으로 받은 다음, 다시 위로 던져 손바닥으로 움켜잡아.
받은 수 만큼 나이를 먹어.

이럴 때 죽어
· 공깃돌을 잡으려다
　옆 공깃돌을 건드릴 때!
· 던져 올린 공깃돌을 받지 못할 때!
· 꺾기에서 손등에 올린 공깃돌을
　다 움켜잡지 못할 때!

고추장

네 알 잡기와 꺾기 사이에 하는 고추장은
공깃돌 다섯 알을 다 쥐고 한 알을 빼서 던진 다음
검지로 바닥을 찍으며 '고추장!' 하고 외치면서
떨어지는 한 알을 받는 거야.

터널 공기

① 공깃돌 한 알을 위로 던지고는 떨어지기 전에
   손으로 만든 터널에다 바닥에 있는 한 알을 얼른 밀어 넣어.
② 네 알을 차례대로 터널에 넣은 다음
   터널을 열어 네 알을 모두 한꺼번에 집어.
③ 두 알 잡기는 두 알씩 밀어 넣고
   세 알 잡기는 세 알과 한 알을 밀어 넣어.
④ 네 알 잡기는 다섯 알을 다 쥐고
   한 알을 던져 올린 다음 손 안에 있는
   네 알을 바닥에 놓으면서 한번에 밀어 넣는
   터널을 열어서 한꺼번에 집어.
⑤ 꺾기는 '다섯 알 공기'랑 같아.

손으로 터널을 만들어
요기다 공깃돌을 밀어 넣어.

코끼리 공기

① 공깃돌 다섯 알을 바닥에 던져.
② 손바닥 안이 자루처럼 되게 깍지를 껴.
   검지로 코끼리 코처럼 공깃돌을 한 알씩 집고
   엄지손가락으로 받아서 손바닥 안에 집어넣어.
③ 두 알 잡기는 두 알씩 잡아 집어넣고
   세 알 잡기는 세 알을 잘 포개어 넣은 다음
   나머지 두 알을 집어넣어.
   두 알, 세 알을 잡으려면
   검지와 엄지손가락을 잘 써야 해.
④ 꺾기는 '다섯 알 공기'랑 같아.

바보 공기

① 공깃돌 다섯 알을 바닥에 흩뿌려.
② 공깃돌을 한 알 집어서 위로 던지고
   떨어지기 전에 바닥에 있는 공깃돌 한 알을 잡아.
   떨어지는 공깃돌은 받지 않아.
③ 그다음 같은 방식으로 두 알, 세 알, 네 알 잡기를 해.
④ 꺾기는 '다섯 알 공기'랑 같아.

이럴 때 죽어
• 바닥에 있는 공깃돌을 잡다가
  다른 공깃돌을 건드릴 때!

봄밤 별자리 관찰

별이 잘 보이는 맑은 날
길잡이별을 찾아서 봄 별자리를 찾아보자.
봄밤 하늘에 커다란 곰이 펄쩍펄쩍 큰곰자리.
큰곰자리 꼬리에서 국자 모양 북두칠성이
쏴아쏴아 하늘 우물을 퍼 담아.
처녀자리 왼손 위 보리 이삭 스피카,
사자자리 꼬리 데네볼라,
목동자리 왼쪽 발등 아르크투루스,
세 별을 이으면 봄의 정삼각형.
이 세 별이 길잡이별!
"왕관자리, 사냥개자리, 까마귀자리,
게자리…… 다 찾았다!"
봄밤 하늘 위는 재미난 이야기가
술술 흐르는 별 길.
밤도 봄도 아득히 깊어만 가.

찾아라! 북두칠성

반짝반짝 별 일곱 개 북두칠성, 국자 닮은 북두칠성!
까맣고 까만 밤하늘에 어디어디 있을까?
저기 저기, 큰곰자리 엉덩이랑 꼬리에 달랑거리네.
덜컹덜컹 말이 끄는 수레 모양 닮았고,
길쭉길쭉 낫 모양 닮았네.

사계절 북두칠성 위치

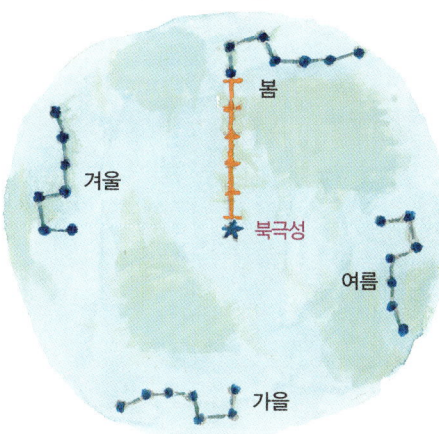

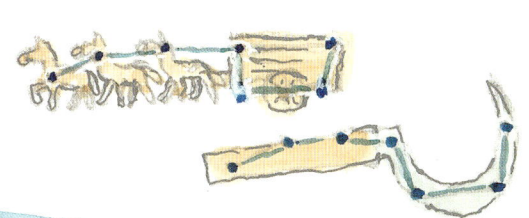

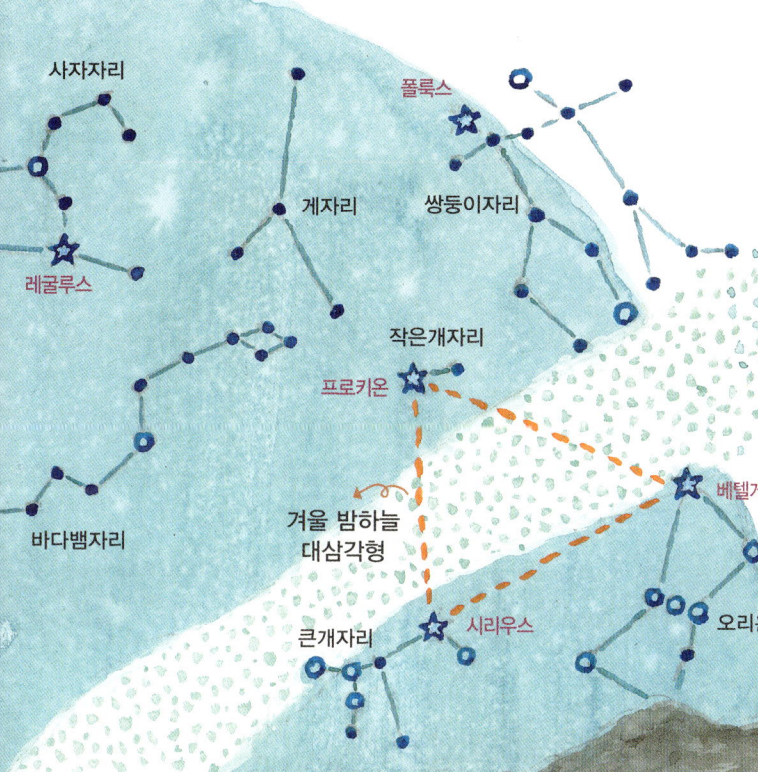

일등성
맨눈으로 볼 수 있는 별을 밝기에 따라 여섯 등급으로 나눌 때에
가장 밝게 보이는 별이야. 육등성보다 100배쯤 밝아,
시리우스, 견우별, 직녀별 따위가 있어.

신나는 여름 놀이터

여름 여름 여름의 맛

여름 여름이다! 여름이다, 여름!
폭폭 찌고 확확 무더운 여름 여름!
무더위 피해서 숲으로 갈까, 바다로 갈까?
숲에서 놀다 보면 더위가 싹 날아간다.
바다에서 놀다 보면 여름이 좋아진다.
여름이 있어 시원시원 숲이 좋다.
여름이 있어 파란파란 바다가 좋다.
여름 여름, 이게 바로 여름의 맛!

땅 안 밟기 술래잡기

술래야 술래야, 잡아라 잡아라!
후다다닥 발이 안 닿게 빨랑 올라가야지.
씽씽쌩쌩 나무 위로 올라가야지.
팔짝팔짝 바위 위로 올라가야지.
끼잉끼잉 나무줄기에 매달려야지.

① 여기서부터 저기까지 놀 자리를 정해.
② 가위바위보로 술래를 뽑아.
③ 술래는 열까지 세고 발이 땅에 닿은
  사람을 잡으러 다녀.
④ 다른 사람들은 술래를 피해서
  발이 땅에 닿지 않게 돌에 오르거나
  나무에 매달려.
⑤ 발이 땅에 닿을 때 술래한테 잡히면
  그 사람이 술래가 되어 놀이를 계속해.

집짓기

땅에 떨어진 나뭇가지 줍고, 풀대 베어 멋진 집을 지어 보자.
"야호, 멋지고 시원한 숲속 집이다!"

① 굵은 나뭇가지로 뼈대를 세워.

② 뼈대 사이사이를 가는 가지로 엮어.
③ 잎이 달린 잔가지랑 풀대 묶음을 아래서부터 덮어.

덩굴 그네

"휘익휘익 재밌다 재밌어!"
"흔들흔들 짜릿하다 짜릿해!"
나뭇가지에 늘어진 다래덩굴 그네,
턱! 걸친 칡덩굴 그네,
신나고 신나는 덩굴 그네.

여러 가지 다른 모양으로 집을 지어 봐.

다래덩굴 그네 타니까 정말 타잔이 된 거 같아.

아 - 아 - 아 -

나뭇잎 가면

커다란 나뭇잎 하나, 구멍을 두 개 오려 내면 눈!
나뭇가지나 풀대 끼워 입에 물었더니, 나뭇잎 가면!

가면 쓸 때는
나뭇잎에 끼운
나뭇가지나 풀대를
입에 물어.

음핫핫,
우리는
산도깨비닷!

풀, 덩굴 머리띠

"야아, 시원한 머리띠다!"
망초로 만들어도 좋고
개망초, 댕댕이덩굴, 칡덩굴도 좋아.
"히히, 여름 햇볕 뜨거워도
풀머리띠 쓰니 참 시원하다 시원해!"

줄기가 질긴 식물

망초　　개망초　　댕댕이덩굴　　칡　　사위질빵

망초 머리띠

망초 줄기를 여러 번
꺾어서 둥글게 말아서
끈으로 묶어.

댕댕이덩굴 머리띠

댕댕이덩굴을
둥글게 엮어서 묶어.

칡덩굴 머리띠

칡덩굴을 엮고 틈을 벌려
나뭇잎을 끼워 넣어.

모래찜질

쌓아라 쌓아라, 모래를 쌓아라!
빠져나오지 못하게 꼭꼭꼭 눌러 쌓아라!
일어나지 못하게 툭툭툭 다져서 쌓아라!
누가 누가 모래 속에서 먼저 빠져나올까?

모래성 쌓기

넓고 넓은 모래밭은 멋진 놀이터.
모래를 쌓고 쌓아서
컵으로 콕콕콕 통으로 톡톡톡 찍어.
모래밭에서 주운 조개껍데기, 돌멩이, 나뭇가지로
요렇게 조렇게 예쁘게 멋지게 꾸미면
넓고 넓은 모래밭은 우리들의 멋진 성!

닭싸움

콩콩콩 콩콩콩. 한 발로 콩콩콩!
"콩콩콩 뛰어다니기만 해도 재미나다."
"덤벼라, 얍! 얍! 얍!"
"우아, 날쌘 닭이 달려온다!"

① 원을 크게 그려.
② 원 안에 들어가서 두 손으로
   한쪽 다리를 잡아 올려.

③ 상대방을 공격해.
   공격할 때는 자기 무릎으로
   상대방 무릎을 누르거나 올려 쳐.

모래공 놀이

젖은 모래를 동그랗게
공처럼 뭉치고 뭉쳐.
툭! 떨어뜨렸더니 공처럼 떼구르르!

모래공을 떨어뜨려서
모래공이 안 깨지면 이기는 거야.

• 잡고 있던 다리를
  놓치거나, 넘어질 때!
• 동그라미 밖으로 나갈 때!
• 손으로 상대방을
  밀거나 잡으면 반칙!

여럿이 할 때는 한 사람씩 따로따로 겨루거나
둘씩 겨룰 수도 있고, 편을 갈라 겨룰 수도 있어.

보물찾기

찰랑찰랑 바닷가, 철썩철썩 바닷가, 보물 한가득 바닷가.
조개껍데기, 돌멩이, 나무껍질, 열매,
물새 깃털, 해초, 다 파도에 떠밀려 온 보물이야.
바닷가를 거닐면서 보물들을 찾아볼까?

구멍이 뚫린 조개들

민들조개 개량조개
밤색무늬조개 굴

조개껍데기 목걸이

구멍 뚫린 조개나 굴 껍데기, 고둥 껍데기를 실로 꿰어서 목걸이를 만들어.

구멍 뚫린 조개껍데기에 실만 꿰면 돼.

깃털 펜

갈매기 깃털

① 깃털 끝을 칼로 비스듬히 잘라.

② 끝에다 5밀리미터쯤 칼집을 내.

③ 잉크나 수채화 물감을 찍어서 그림을 그려.

나무껍질 배

나무껍질에 깃털을 끼워서 배를 만들고 모래성 연못에 띄워.

갯바위 게 낚시

빼꼼빼꼼 갯바위 틈에 숨은 게!
"게야 게야, 돼지비계 좋아하니?"
돼지비계 미끼로 갯바위 게 낚시 해 보자.

① 나무 막대기나 철사에 돼지비계 미끼를 묶어.
② 게가 숨어 있는 갯바위 틈에다 넣고 기다려.
③ 게가 미끼를 물면 슬며시 꺼내서
　양동이에 담아.

말미잘 물총

신기하게 생긴 말미잘, 담황줄말미잘!
말미잘이 촉수를 오므리고 있을 때 손으로 톡!
말미잘이 물총처럼 물을 찍!

갯바위 탐험

갯바위엔 많은 생물들이 붙어 살아.
고둥, 따개비, 거북손이 갯바위에 다닥다닥.
바위틈엔 조개, 게가 빼꼼빼꼼 발발발.
썰물이 들면 갯바위 물웅덩이에 무엇이 있나 찾아보자.

갯바위 물웅덩이 통발

갯바위 물웅덩이에는 뭐가 뭐가 있을까?
통발을 만들어 넣고 기다려 보자.
"헤에, 궁금하다, 궁금해!"

뭐가 잡힐까?

페트병 통발

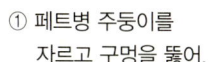

① 페트병 주둥이를 자르고 구멍을 뚫어.

② 돌하고 미끼를 넣고 주둥이를 거꾸로 끼워.

플라스틱 통발

플라스틱 상자 뚜껑에 네모난 구멍을 뚫어. 돌하고 미끼를 넣어.

갯바위에서 볼 수 있는 생물

무늬발게 / 사각게 / 민꽃게
눈알고둥 / 총알고둥 / 집게 / 담황줄말미잘 (펼쳤을 때 / 촉수를 오므렸을 때)
개울타리고둥 / 따개비 / 대수리 / 갯강구

텃밭에서 놀자 꽃밭에서 놀자

고구마, 감자, 오이, 토란이
쑥쑥 자라는 텃밭.
놀자 놀자, 텃밭에서 놀자!
채소 팽이 돌리고 도장 찍고
토란잎 모자 쓰고
고구마 목걸이 걸고
잘잘잘 재미난 텃밭.
깨꽃, 분꽃, 봉숭아꽃이
활짝 피는 꽃밭.
놀자 놀자, 꽃밭에서 놀자!
꽃꿀 먹고 꽃물 들이고
꽃머리띠 하고 꽃머리핀 하고
알록달록 예쁜 꽃밭.
텃밭에서 놀자, 꽃밭에서 놀자!

토란잎 모자

토란잎 모자 쓰니까
초록 요정이 된 거 같아!

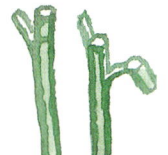

① 토란대 껍질을 조금 벗기고 반대로 꺾어 내려.

② 껍질을 붙인 채 오른쪽, 왼쪽으로 번갈아 꺾어서 벗겨 내려.

③ 토란대 끝까지 오른쪽, 왼쪽으로 번갈아 꺾어서 내려.

④ 잎을 머리에 얹고 토란대 두 가닥을 턱 밑에서 묶어.

토란잎 가면

"우아아앙 괴물이다!"
토란잎 가면 괴물 참말 무섭다.
도망가자!

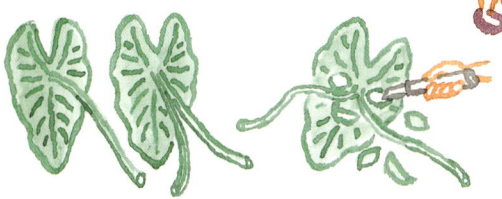

① 토란대를 반으로 갈라.　② 눈하고 입을 오려.

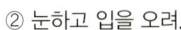

토란잎 물방울 굴리기

물방울이 탱글탱글 또르르롱!
"우와, 토란잎에는 물이 안 묻네!"

토란잎 갈라진 부분을 겹쳐서 잡아.
잎에 물을 붓고 요리조리 물방울을 굴려.

③ 가면을 쓰고 토란대를 머리 뒤에서 묶어.

채소 찍기

양파, 피망, 오이, 연근, 고추로
이렇게 찍어 보고
저렇게 찍어 보자.
이런 모양 저런 모양
재미있는 채소 찍기!

채소로 모양 만들기

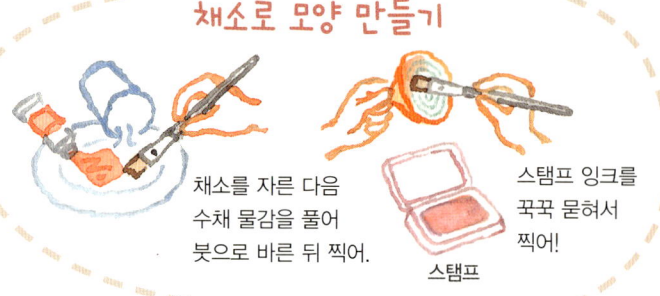

채소를 자른 다음 수채 물감을 풀어 붓으로 바른 뒤 찍어.

스탬프 잉크를 꾹꾹 묻혀서 찍어!

스탬프

토란대 호박 꽃자루 고구마 잎자루 피망

양파 오이 연근 고추

나비

꽃1 (호박 꽃자루, 양파, 토란대)

해 (양파, 토란대)

꽃2 (피망, 양파)

파 피리

파 잎사귀 끝부분을 잘라 불어.
뿌우- 뿌우-
파 피리가
뿌- 뿌- 뿌-.

뿌우- 뿌-

도장 찍기

고구마, 감자, 호박 꼭지에
그림이나 글씨를 새겨서 찍어 봐.

도장 만들기

만들고 싶은 모양을
사인펜으로 그리는데
좌우가 바뀌게 그려야 해.
종이에 미리 그려 보고 해.

조각칼을 연필 쥐듯이
짧게 잡고 조심스레
밀어서 새겨.

채소 팽이

고구마, 감자, 오이, 무, 당근에
이쑤시개나 나무젓가락을 끼우면
돈다 돌아, 채소 팽이가 돈다!
맛있는 채소가 팽이로 도니까 더 멋져!
먹지 않고 버리는 채소 양쪽 끝을 잘라 만들어.
이쑤시개를 가운데 잘 끼워 넣어야 잘 돌아.

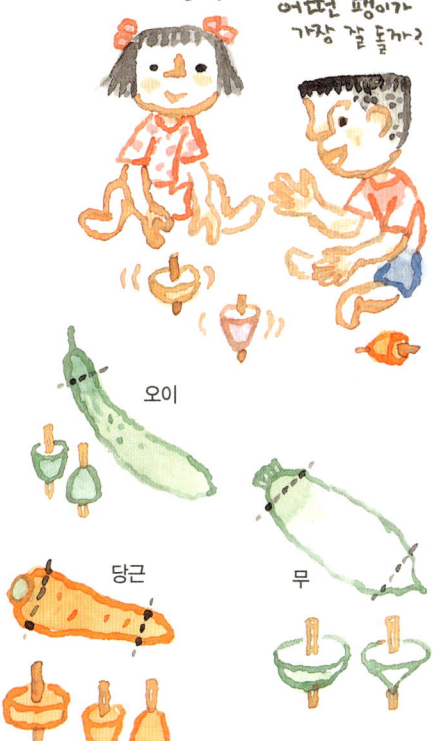

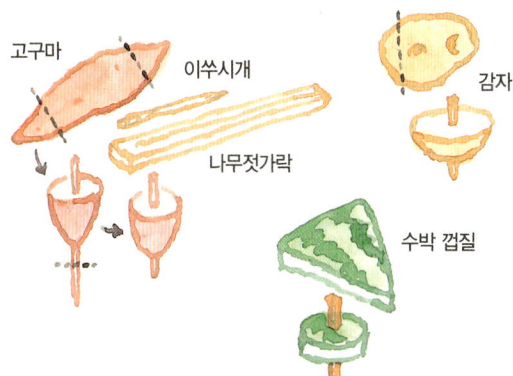

고구마잎 목걸이

하트 모양 고구마잎 목걸이!
이름을 써서 이름표를 만들어 봐.

① 잎자루를 꺾어서
껍질을 붙인 채 벗겨 내려.
잎자루 끝까지 오른쪽, 왼쪽으로
번갈아 꺾어서 내려.

② 잎사귀에 매직펜이나
수정액으로 그림을
그리거나 글씨를 써.

③ 양쪽 끝을 이어서 목에 걸어.
양쪽 끝에 풀대를 찔러 넣어 이으면 돼.

꽃 낙하산

코스모스나 금계국 꽃잎을
한 장씩 건너뛰어 떼서
하늘로 휙휙 던져 봐.

코스모스

금계국

깨꽃 꿀 먹기

꿀이 많은 깨꽃.
길쭉한 꽃잎 속에 꿀이 한가득!
쪽쪽쪽 빠니까 참말 달다, 달아!

깨꽃

봉숭아 물들이기

잎이랑 꽃잎을 콩콩콩 찧어서
살살살 손톱에 올려서 착착착 감아서
물들어라! 물 잘 들어라!

잎

백반

꽃잎   괭이밥   소금

봉숭아

① 봉숭아 잎이랑 꽃잎을 따서
백반이나 소금을 넣고 찧어.
괭이밥을 넣어도 돼.

② 찧은 것을 손톱이
덮일 만큼 떼어서
손톱 위에 얹어.

③ 넓은 잎사귀나 비닐 따위로
싸서 실로 잘 묶어.
반나절쯤 지나면 실을 풀어.

봉숭아 씨앗 폭탄

톡! 톡! 톡! 봉숭아 꼬투리가 톡!
봉숭아 꼬투리가 잘 여물면
살짝만 건드려도 터져.

봉숭아 씨앗을 조심스레 손에 쥐고 가서
악수를 하면 손 안에서 톡! 터져.

초롱꽃 손가락 인형

초롱꽃을 손가락에 끼우고
눈, 코, 입을 그려.
다섯 손가락에 다 끼우고
식구 얼굴을 그려 봐.

초롱꽃

분꽃 놀이

알록달록 분꽃, 어여쁜 분꽃.
가지가지 놀거리가 많아 더 어여쁜
분꽃을 휘리릭 날려 보자.

분꽃 낙하산

꽃받침을 잡고 살살 당겨서
암술대를 길게 빼낸 다음
하늘로 높이 던져 올려.

분꽃 씨방 받기

① 씨방을 그대로 두고 꽃받침만 떼어 내.
② 씨방을 살살 당겨서 암술대를 길게 빼내.
③ 씨방을 흔들다가 꽃잎으로 받아.

분꽃 목걸이

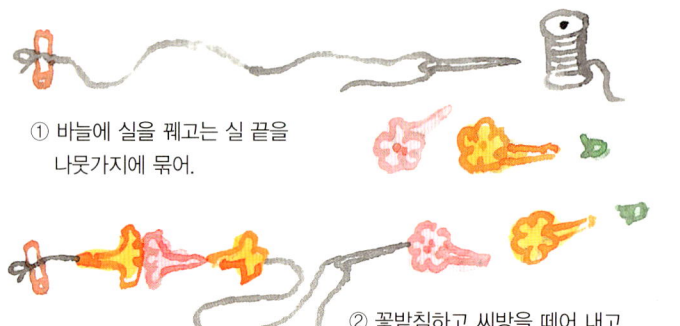

① 바늘에 실을 꿰고는 실 끝을 나뭇가지에 묶어.

② 꽃받침하고 씨방을 떼어 내고 실에 꿰어서 엮어.

③ 꽃잎을 길게 엮어서 바늘하고 나뭇가지를 빼고 양쪽 끝을 묶어.

분꽃 귀걸이

① 꽃받침을 잡아당겨서 암술대를 길게 빼내. 똑같이 두 개 만들어.
② 귓불 위쪽에다 꽃받침을 끼워 넣어.

분꽃 씨로 얼굴 꾸미기

① 씨앗을 자르고 흰 속을 빼서 분을 만들어.
② 토끼풀 꽃으로 톡톡! 분을 찍어 바르면 돼.

꽃머리띠

엮자 엮자, 바랭이 엮자! 엮자 엮자, 수크령 엮자!
꽂자 꽂자, 코스모스 꽂자! 꽂자 꽂자, 금계국 꽂자!

바랭이   수크령

① 바랭이나 수크령 이삭 줄기를 길게 잘라.
② 이삭을 떼고 세 가닥으로 모아서 묶어.
③ 머리를 땋듯이 끝까지 땋아.
④ 땋은 풀줄기 양쪽 끝을 모아서 묶고 사이사이에 꽃을 꽂아.

코스모스 꽃머리핀

머리에 꽂으면 꽃머리핀!
단추 구멍에 꽂으면 꽃단추!
주머니에 꽂으면 꽃장식!

솔잎을 꽃에 끼워.   꽃머리핀 완성!

솔잎

누구나 좋아하는 숲 언제나 재미난 숲

숲은 우리들 놀이터.
숲은 동물들 보금자리.
청설모야, 딱따구리야
어서어서 나오너라!
우리랑 숨바꼭질하자꾸나.
술래잡기하자꾸나.
소복소복 잎사귀는
꼭꼭꼭 잘도 숨겨 주지.
나무줄기에 매달려
매미처럼 매암매암.
커다란 나뭇가지 둥지에서
반달곰처럼 쿨쿨쿨.

숨바꼭질

① 커다란 나무 하나를 골라 집으로 정해.
② 술래는 나무 집에 얼굴을 대고 마흔 또는 쉰까지 정한 수를 세. 다른 사람들은 재빨리 숨어.
③ 술래는 숫자를 다 세고 나서 숨어 있는 사람들을 찾아. 찾으면 그 사람 이름을 크게 부르고 나무 집을 찍어. 그러면 찾은 사람은 죽어.
④ 숨어 있던 사람이 술래 몰래 나무 집을 찍고 "찍었다!" 하고 외치면 살아. 산 사람은 다음번에도 숨을 수 있어.
⑤ 술래는 사람들을 못 찾겠으면 "못 찾겠다, 꾀꼬리!" 하고 외쳐. 술래가 못 찾은 사람은 살아서 다음번에도 숨을 수 있어.
⑥ 술래한테 들킨 사람들끼리 가위바위보를 해서 술래를 뽑고 숨바꼭질을 계속해.

매미 술래잡기

① 술래를 정하고, 술래는 열까지 세고 동무들을 잡으러 가.
   술래한테 잡힐 거 같으면 나무에 매미처럼 달라붙어.
② 술래는 나무에 붙은 사람은 잡을 수 없어.
③ 나무에 붙은 사람을 잡으려면 "매미!"를 외치고
   땅바닥에 '매미'라고 써야 해.
   나무에 붙은 사람은 그사이에 얼른 도망가야 해.
④ 나무에서 도망 못 가거나 도망다니다가
   술래한테 치이면 술래가 돼.

다칠 수 있으니까 나무 막대기로 동무를 치지 마.

다섯 명에 한 명 꼴로 술래를 정해.
노는 사람이 많으면 술래도 여러 명이야.
술래가 나무 막대기를 들고 다니면
알아보기 쉬워.
나무 막대기로 '매미'도 쓰고 술래가
바뀔 때는 바통처럼 넘겨주고 도망쳐.

나무에 매달리기

나무에 착 달라붙어
매암매암 우는 매미.
"나도 매미처럼 나무에
찰싹 매달릴 거야."
"잉잉, 엉덩이가
무거워서 안 되겠어!"

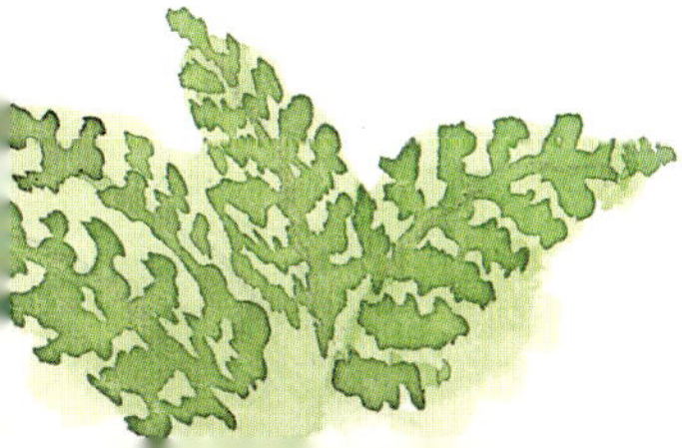

토끼와 사냥꾼

숲은 토끼를 지켜 주는 든든한 울타리!
토끼한테는 열어 주고, 사냥꾼은 못 들어오게 막아.

① 가위바위보로 토끼와 사냥꾼을 한 명씩 뽑아.
② 다른 사람들은 모두 손을 잡고 둥글게 숲을 만들어.
③ 놀이를 시작할 때 토끼는 숲 안에 들어가고
   사냥꾼은 숲 밖에 서 있어.
④ 사냥꾼이 토끼를 잡으러 다니면
   숲은 토끼한테는 얼른 문을 열어 주고
   사냥꾼한테는 문을 열어 주지 않아.
⑤ 사냥꾼이 숲 안팎으로 쳐들어와서 토끼를 잡으면 끝나.
⑥ 그럼 토끼와 사냥꾼을 다시 뽑아서 놀이를 계속해.

보물찾기

두 편으로 나눠서
보물 숨길 자리를 두 군데 정해.
'가위바위보'를 해서 이긴 편이
먼저 보물 숨길 자리를 골라.
이번 보물은 삶은 메추리알이야.
자기 자리에 보물을 숨긴 뒤 서로
자리를 바꿔서 숨긴 보물을 찾아.

움집 짓기

움집 1

① 두 갈래로 갈라진 나무에다 긴 통나무를 걸쳐.

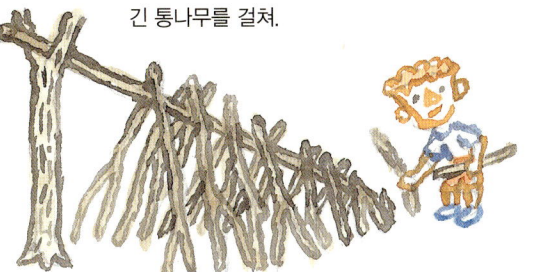

② 통나무에다 잔가지를 촘촘하게 걸쳐.

③ 덤불이나 풀대를 덮어씌우면 움집 완성!

움집 2

① 굵은 나뭇가지 두 개를 조금 느슨하게 묶어.

② 밑동을 벌려서 세우고 긴 통나무를 얹어서 묶어.

③ 통나무에다 잔가지를 촘촘하게 걸치고 덤불을 씌우면 움집 완성!

움집 3

① 긴 통나무 세 개를 끈이나 칡넝쿨로 묶어.

② 통나무 사이를 세로로 묶어.

③ 묶은 통나무 세 개를 밑동을 벌려 세워.

④ 밑동이 동그랗게 되게 몇 개 더 세우고 통나무 중간을 끈으로 묶어.

⑤ 잔가지를 끼우고 덤불을 씌우면 움집 완성!

통나무 건너기

숲속 여기저기 쓰러진 통나무로 뭘하고 놀까?
통나무 건너기를 해 보자.
아슬아슬 균형을 잡고 끝까지 건너가 보자.
통나무 여러 개를 길게 이으면 더 재미있어.
저 끝까지 누가 누가 잘 건널까?

흔들흔들 균형 잡기

쿵! 쿵! 하고 통나무 위에서 있는 힘껏 발을 굴러.
통나무도 흔들흔들, 우리들도 흔들흔들.
누가 끝까지 안 떨어질까?

나무 타기 ①

질긴 나무껍질이나 굵은 끈을
묶어서 두 발에 걸고 올라가.
올라간 자리에 표시를 해.

① 나무줄기를 꽈악 껴안아.
② 발바닥으로 밀어 올리면서 조금씩 올라가.
③ 갈라진 가지를 잡고 팔을 당기면서 올라가.

나무 타기 ②

① 끈 한쪽에다 돌을 매달아. 잘 던져서 나뭇가지에다 걸어.

② 끈으로 고리를 여러 개 만들어.
맨 위에 만든 고리가 나뭇가지 높이까지
닿게 하고 남은 끈을 나무둥치에 묶어.
고리를 잡고 올라가.

아주아주 커다란 새 둥지

우리 모두 들어갈 수 있는 새 둥지!
우리들만의 비밀 장소!
통나무, 굵은 가지, 잔가지를
많이 많이 모아 크게 크게 만들자.

그네 만들기

수건   굵은 노끈 2개   굵은 막대기 2개

 3m  15cm

커다란 수건이나 담요를
이렇게 묶어서 달면
'그물 침대'가 돼.

① 막대기에다 수건 끝을 감아.

② 끈으로 수건을 묶어. '나무 타기 ②'에서 돌멩이를 묶은 매듭처럼 묶어.

③ 수건 다른 쪽도 다른 끈으로 똑같이 묶어.

④ 나뭇가지에 송이나 천을 두르고 그네를 단단히 매달아.

외줄 그네 만들기

'나무 타기 ②'에서 고리를 풀고 나무 막대기를 매달면 외줄 그네야.
남은 끈을 끊지 말고 뒤에서 당기면 더 재미나게 탈 수 있어.

고마운 잎사귀 재미난 잎사귀

자작나무

찔레

개암나무

나뭇잎 풀잎 푸르른 잎사귀.
둥그런 잎사귀, 길쭉한 잎사귀.
뾰족뾰족 잎사귀, 삐죽빼죽 잎사귀.
털 난 잎사귀, 점 난 잎사귀.
냄새 나는 잎사귀, 가지가지 잎사귀.
벌레가 좋아하는 잎사귀,
우리가 좋아하는 잎사귀.
뿜뿜뿜 깨끗한 공기도 내뿜고
시원시원 그늘도 만드는 잎사귀.
고마운 잎사귀, 재미난 잎사귀.

으름덩굴

탱자나무

담쟁이덩굴

사위질빵

싸리

무궁화

노박덩굴

개나리

작살나무

좀깻잎나무

산딸기

멍석딸기

산수유나무

냄새 나는 잎사귀

구수한 냄새는
누리장나무

생강 냄새는
생강나무

레몬 냄새는
산초나무

아까시나무

잎사귀 찾기

길쭉길쭉 구불구불 동글동글
종류가 다른 나뭇잎, 풀잎을 늘어놔.
가위바위보를 해서 이긴 사람이
잎을 하나 골라.
"동무들아, 이 잎사귀 찾아봐."
재빨리 달려가서, 똑같은 잎을
가장 먼저 찾아오는 사람이 이겨.
이긴 사람이 다시 잎을 하나 골라.

나뭇잎 수건돌리기

숲속 나무 그늘 아래서 나뭇잎 수건돌리기 하자.
수건 대신 커다랗고 질긴 참나무 잎으로 하면 더 재미날 거야.
참나무 잎이 없으면 가장 큰 잎사귀를 찾아서 해.
잎사귀를 꼬깃꼬깃 뭉쳐서 몰래몰래 감추고는
술래야, 돌아라 돌아!

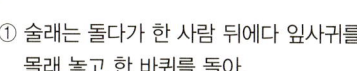

① 술래는 돌다가 한 사람 뒤에다 잎사귀를
  몰래 놓고 한 바퀴를 돌아.
② 다른 사람들은 노래를 부르면서 자기 뒤에
  잎사귀가 놓였는지 손으로 더듬어 봐.
  이때 뒤를 돌아보면 안 돼.
③ 뒤에 놓인 잎사귀가 손에 잡히면
  잎사귀를 들고 얼른 술래를 쫓아가서
  술래를 쳐. 술래를 치지 못해
  자기 자리에 술래가 앉아 버리면
  그 사람이 술래가 되어서 ①부터 다시 해.

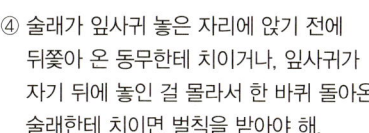

④ 술래가 잎사귀 놓은 자리에 앉기 전에
  뒤쫓아 온 동무한테 치이거나, 잎사귀가
  자기 뒤에 놓인 걸 몰라서 한 바퀴 돌아온
  술래한테 치이면 벌칙을 받아야 해.
⑤ 벌칙 받은 사람이 술래가 돼서
  ①부터 계속해.

신갈나무 잎 이름표

신갈나무 잎은 질겨서 잘 찢어지지 않아.
가장 작은 잎사귀를 골라서 이름표를 만들자.

참나무 여섯 형제
졸참나무 갈참나무 신갈나무 떡갈나무 굴참나무 상수리나무

① 네임펜이나 매직펜으로 이름을 쓰고 멋지게 꾸며.

② 신갈나무 잎맥 양쪽 실을 꿸 곳에다 칼집을 내.

③ 솔잎에 실을 끼워서 칼집 낸 자리에 실을 꿰어 잘 묶어.

신갈나무 잎 불룩 목걸이

① 네임펜이나 물감으로 그림을 그려.

② ▲가 ● 위로 오도록 접어.

③ 접힌 곳에 가는 나뭇가지를 끼워서 붙어 있게 해.

④ 이름표처럼 실을 길게 꿰어.

꼭 가죽으로 만든 것 같아.

신갈나무 잎 바가지

신갈나무 잎 불룩 목걸이처럼 접는데,
앞면이 들어가게 뒤집어서 접고
나뭇가지를 꿰어.

캬, 시원하다!
샘물을 받아서 마시나 봐요.

신갈나무 잎 그릇

① 신갈나무 잎을 점선대로 잘라.
② 엇갈려서 가는 나뭇가지를 꿰어.
③ 버찌, 산딸기를 따서 담아 봐.

신갈나무 잎 신발 깔개

우리 발바닥을 닮은 신기한 신갈나무 잎사귀.
자기 발이랑 크기가 같은 신갈나무 잎을 찾아서
신발 속에다 깔고 걸어 봐.

신기한 신갈나무 잎이야.
발바닥이 시원해.

잎사귀 피리

뿌우뿌우! 삑삑삑! 픽픽픽!
"잎사귀 하나가 그냥 피리가 되네.
신기하다, 신기해."
엄지손가락 사이에 끼워서 불어 보고,
입술에 대고도 불어 보고, 자꾸자꾸 불어 봐.
"우아! 진짜 소리가 난다!"

사철나무 잎말이 피리

사철나무 잎을 슬쩍 접듯이 네 번 말아. 펼치면 이렇게 돼. 여기를 입에 살짝 물고 불어.

조릿대 잎말이 피리

조릿대 잎사귀를 세 조각으로 똑같이 나눠서 한 조각 잘라 내. 점선대로 네 번 접듯이 말아. 여기를 입에 살짝 물고 불어.

엄지손가락 사이에 끼우고 불기

 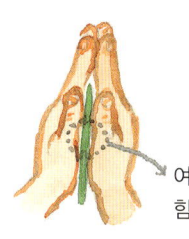 

잎 가장자리가 밋밋한 잎사귀가 좋아. 손바닥을 붙이고는 엄지손가락 사이에 잎사귀를 끼워. 여기에 입을 대고 힘껏 불어.

입술에 대고 불기

부드럽고 반질반질한 잎사귀가 좋아. 잎사귀를 잘 펴서 입술에 바짝 대고 힘껏 불어.

잎사귀 폭탄

다 자란 잎사귀는 질겨서 잘 안 터지니까
부드러운 어린잎으로 만들자!
아까시나무 잎, 벚나무 잎,
부드러운 풀잎을 따다가
잎사귀 폭탄 빵! 펑!
신나게 터뜨려 보자.

잘 터지는 잎사귀

벚나무 · 박주가리 · 까마중 · 명아주 · 서양등골나물
누리장나무 · 아까시나무 · 돌콩 · 개비름 · 미국자리공 · 쇠무릎

① 엄지와 검지를 둥글게 말아서 구멍을 만들어.

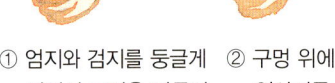
② 구멍 위에 잎사귀를 올려.

③ 잎사귀를 구멍 쪽으로 살짝 눌러 줘.

④ 다른 손 손바닥을 쫙 펴서 구멍에 맞게끔 힘껏 내리쳐.

뻥!

으으으, 잎사귀는 안 터지고 손만 아파.

솔잎 씨름

모두 같아 보이는 솔잎이지만,
잎이 두 개, 세 개, 다섯 개.
"와, 소나무, 잣나무, 다 다르네."
자, 걸어라, 걸어! 솔잎 씨름 하자.
자, 당겨라, 당겨! 영차 영차 솔잎 씨름.

솔잎을 서로 엇갈려 걸고 당기다 끊어지면 져.

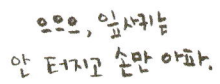
소나무 · 리기다소나무

곰솔
잣나무
스트로브잣나무

앗, 끊어졌다!

나뭇잎 머리핀

벚나무 잎사귀

① 점선대로 자르고 구멍을 뚫어.

② 잎자루를 앞으로 젖혀서 구멍에 끼워 넣어.

③ 수정액으로 눈을 그리거나 붙임 딱지를 붙여.

④ 구멍 두 개를 뚫고 솔잎이나 풀대를 끼워서 머리에 꽂아.

수수꽃다리 잎사귀

① 점선대로 자르고 구멍을 뚫어.

② 잎자루를 앞으로 젖혀서 구멍에 끼워 넣어.

③ 수정액으로 눈을 그리거나 붙임 딱지를 붙여.

두충나무 잎사귀 놀이

두충나무 잎사귀는 요리 찢어도 저리 찢어도 섬유질이 실처럼 붙어 있어서 떨어지지 않아. 여러 가지 모양으로 살살살 찢어 봐.

다른 잎으로도 만들어 봐야지. 더 멋진 머리핀을 만들 거야.

여러 가지 모양으로 찢은 두충나무 잎사귀를 책갈피에 끼워 말렸더니, 검퍼레져서 더 멋있어!

잎사귀를 찢어도 그대로 붙어 있어. 참말로 신기하네.

즙이 나오는 잎사귀

쏨바귀나 박주가리 잎에서
하얀 즙이 망울망울.
애기똥풀 잎에서 노란 즙이 멍울멍울.
아이, 써! 쏨바귀 잎사귀!
애기똥풀이랑 박주가리 즙은
독이 있으니까 절대 먹으면 안 돼.

선쏨바귀   박주가리   애기똥풀

애기똥풀로 손톱 꾸미기

애기똥풀로 노란 즙을 손톱에
싹싹 쓱쓱 발라.
"손톱에 칠하니까 멋진데."

박주가리 즙 뺏기

망울망울 박주가리 하얀 즙을
많이 많이 붙여 오자.
"즙을 많이 붙였으니까 내가 이겼다!"

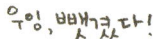

질경이 실 뽑기

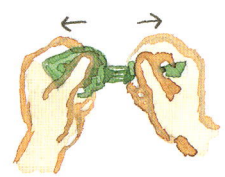

① 질경이 잎사귀에
   손톱으로 자국을 내.

② 잡아당기면 다섯 가닥
   실이 뽑혀 나와.

③ 두꺼운 종이에 붙여 봐.
   잎이 마르면 실이 팽팽해져.

질경이 실 길게 뽑기

다섯 가닥이 한 가닥도 끊어지지 않도록 길게 뽑아 봐.
안 끊기게 누가 누가 길게 뽑을까?

맛있는 잎사귀

잎사귀 한번 먹어 볼까? 무슨 맛이 날까?
괭이밥이랑 며느리배꼽 잎사귀는 새콤한 맛이 나.
새콤새콤 먹으면 더 먹고 싶은 맛, 잎사귀 참 맛나다.

네 잎 토끼풀 찾기

토끼풀은 작은 잎이 세 잎씩 달리는데
더러 네 잎, 다섯 잎, 일곱 잎까지 달린 게 있지.
그중에 네 잎 토끼풀은 행운을 가져다준대.
흔하디 흔한 세 잎 토끼풀 말고
네 잎 토끼풀을 찾아봐.

네 잎 토끼풀은 몰려서 자라니까
찾은 곳 둘레를 더 뒤져 봐.
네 잎 토끼풀은 사람이 밟고
지나는 곳에 많이 자라.
토끼풀은 땅 밑에서 뿌리로
줄줄이 이어져 있어.

재미난 벌레 잡기 신기한 벌레 놀이

광대노린재

북쪽비단노린재 에사키뿔노린재

톱다리개미허리노린재 애벌레

톱다리개미허리노린재

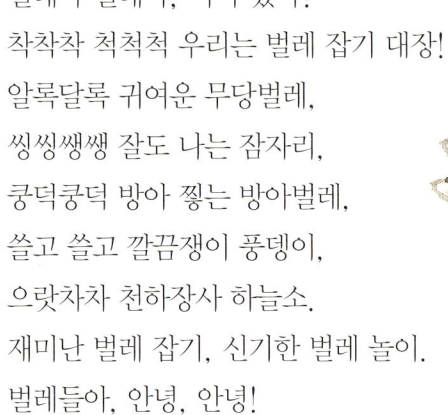
왕잠자리
밀잠자리
고추좀잠자리

벌레야 벌레야, 어디 있니?
착착착 척척척 우리는 벌레 잡기 대장!
알록달록 귀여운 무당벌레,
씽씽쌩쌩 잘도 나는 잠자리,
쿵덕쿵덕 방아 찧는 방아벌레,
쓸고 쓸고 깔끔쟁이 풍뎅이,
으랏차차 천하장사 하늘소.
재미난 벌레 잡기, 신기한 벌레 놀이.
벌레들아, 안녕, 안녕!
우리 또 만나자.

멋쟁이딱정벌레

호리꽃등에 꽃등에 호박벌 어리호박벌

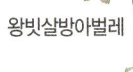
왕빗살방아벌레

털두꺼비하늘소 하늘소

작은주홍부전나비

꼬리박각시

왕거위벌레 등얼룩풍뎅이

청띠신선나비

벌레 찾기

벌레마다 사는 곳이 다 달라.
개망초 밭에는 어떤 벌레가 있을까?
돌 밑에서는 어떤 벌레를 만날까?
썩은 나무에는 어떤 벌레가 살까?

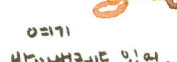

풍뎅이 마당 쓸기

풍뎅이를 뒤집어 놓으면 몸을 바로 돌리려고
뒷날개를 펼쳐서 파닥파닥 바람을 일으키며
빙글빙글 돌다가 몸을 바로 딱 돌려.

등얼룩풍뎅이

풍뎅이

방아벌레 방아 찧기

뒤집어 놓으면 탁! 하고 튀어 올라 공중제비 돌고,
쿵덕쿵덕 방아를 찧으며 몸을 뒤집어.

진홍색방아벌레

녹슬은방아벌레

공벌레 놀이

공공 공벌레 돌돌 공벌레, 어디어디 있을까?
풀밭, 낙엽 더미, 썩은 나무, 돌 밑을 들춰 보자.

벌레 잡기

나비랑 벌은 어떻게 잡을까?
풍뎅이랑 거위벌레는 어떻게 잡을까?
병으로 잡을까, 덫을 놓아 잡을까?
털어서 잡을까?
벌레도 가지가지, 벌레 잡기도 가지가지.
"벌레야 벌레야, 꼭꼭 숨지 마!"

병으로 벌레 잡기 1

꽃에 날아온 나비랑 벌, 꽃등에는 병으로 잡아.

① 주둥이가 넓은 병하고 뚜껑을 양손에 나눠 쥐고서 천천히 사이를 좁혀.

② 벌레를 병 속에다 몰아넣어.

③ 잘 관찰하고는 뚜껑을 열어서 도로 놓아줘.

병으로 벌레 잡기 2

잎벌레, 바구미, 풍뎅이는 잡으려고 하면 땅으로 떨어져. 그러니까 떨어지기 전에 병을 밑에다 받치고 잡아.

벌레가 알아서 병 속으로 떨어져.

병을 밑에다 대고 있으면 돼.

호박꽃 벌레 잡기

벌이 호박꽃에 들어가면 꽃잎을 슬며시 오므려. 호박꽃 안에서 벌이 붕붕 윙윙!
"호박꽃 안에 벌이 들어갔네. 도로 놓아줘야지."

붕-붕-

털어서 벌레 잡기

우산이나 보자기로 만든 벌레 받침을 나무 밑에다 받쳐. 그러고는 막대기로 나뭇가지를 털어서 떨어지는 벌레를 받아서 잡아.

무늬 없는 보자기
나뭇가지
끈

① 보자기 대각선 길이만큼 나뭇가지 두 개를 십자로 엇갈려서 묶어.

② 보자기 네 귀퉁이 자락을 나뭇가지에 묶어.

거위벌레, 노린재, 잎벌레…… 날아가기 전에 빌른 통에 담아야지.

난 우산을 받치서 잡을 거야.

84

덫으로 벌레 잡기

밤중에 땅 위로 나와서 돌아다니는 딱정벌레, 먼지벌레,
송장벌레, 반날개는 덫을 놓아서 잡아.

칸막이를 안 씌우면
구더기가 생기고
벌레가 미끼랑 뒤섞여
엉망이 돼.

덫 만들기

① 페트병이나 우유갑 주둥이 쪽을 잘라.

② 잘라 낸 병을 두꺼운 종이에 대고 선을 그려. 선 바깥쪽으로 3~4센티미터 톱니 모양을 그려.

③ 톱니 모양대로 오리고 구멍을 뚫어서 칸막이를 만들어.

④ 생선 대가리나 고기를 미끼로 넣고 미끼 위에 칸막이를 얹어.

덫 놓기

풀밭이나 숲속, 땅 위 축축한 곳에다 덫을 놓아.

① 통을 땅 높이에 맞춰서 묻어.

② 납작한 돌을 비 가리개로 얹어 주면 좋아.

덫을 놓은 데를 알 수 있게 표시를 하자.

어서 덫을 꺼내 보자.

이틀 지났는데 벌레가 많이 들어갔을까?

멋쟁이딱정벌레, 먼지벌레는 날지 못하지만
송장벌레랑 반날개는 날아가니까
얼른 벌레 채집통에 넣어야 해.

소똥풍뎅이 멋쟁이딱정벌레 송장벌레류 반날개류 먼지벌레류

잠자리채로 벌레 잡기

날아다니는 잠자리, 매미, 나비는 잠자리채로 휙휙!
배추망으로 잠자리채를 만들어 봐.

청테이프
옷걸이 배추망 곧은 나무막대기

① 옷걸이를 곧게 펴.
작은 갈고리 쪽 끝은 그대로 둬.

② 옷걸이 굽은 쪽을 배추망 주둥이에
노끈이 끼워진 곳으로 끼워 넣어.

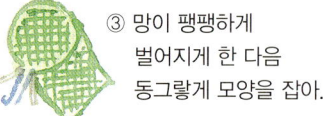
③ 망이 팽팽하게
벌어지게 한 다음
동그랗게 모양을 잡아.

④ 나무 막대기와 노끈을
청테이프로 꽁꽁 묶어.

나비랑 잠자리 잡기

잠자리는 눈이 좋아
뒤에서 잡아야 해.
나비는 머리 쪽에서 잡아.

① 앉아 있는 잠자리 뒤로 가서
잠자리채를 옆으로
휘둘러서 잡아.

② 잠자리가 도망가지 못하게
망을 채에 휘감아서 돌려.

맨손으로 잠자리 잡기

빙글뱅글 빙글뱅글,
앉아 있는 잠자리 눈앞에
손가락을 대고 돌리다가
가까이 다가가서
손으로 확 날개를 잡아.

땅에 앉아 있는 나비는
한 손으로 망 끝을 잡고
아래로 덮치듯 잡아.

풀밭에 앉아 있는
벌레는 아래에서
위로 떠 올리듯이
휘둘러서 잡아.

왕잠자리, 밀잠자리 낚시

암컷 잠자리를 잡아서 가슴에 실을 묶어 날려.
수컷 잠자리가 짝짓기를 하러 휘익휘익 날아와.

수컷을 잡아서 해도 돼.
왕잠자리 수컷은 배마디 1~3번째가 파랗고
암컷은 풀색이야. 호박잎을 찧어서 수컷 배에 바르고
실에 묶어 날리면 암컷인 줄 알고 수컷들이 날아와.

밀잠자리 수컷은 배마디 1~6번째가 회색이고
암컷은 누런색이야. 호박꽃 꽃가루를
수컷 배에 묻혀서 노랗게 만들고
실에 묶어 날리면 암컷인 줄 알고
수컷들이 날아와.

잠자리 놓아주기

잠자리 날개를 손으로 오래 잡고 있다
놓아주면 날지 못해.
옷에 붙여 놓고
날아오를 때까지 기다려.

개미귀신 낚시

산비탈, 바위 밑, 공원 긴 의자 밑을 잘 살펴봐.
개미지옥을 찾을 수 있을 거야.
개미지옥은 개미귀신(명주잠자리 애벌레) 집!

① 개미를 잡아서 실에 묶어.

② 개미지옥 가운데
   가장 깊은 데다
   실에 묶은 개미를 넣어.

④ 손바닥에 올려서
   살펴보고 도로
   개미지옥에 넣어 줘.

③ 개미귀신이
   개미를 큰 턱으로
   물면 당겨 올려.

무당벌레 시소 놀이

위로만 올라가는 무당벌레!
시소를 만들어서 무당벌레를 태워 보자.

① 풀대를 잘라.

② 풀대 한 가닥 가운데에
홈을 내고
다른 풀대를 끼워.

③ Y자 나뭇가지
두 개를 땅에 꽂고
②를 얹어.

④ 무당벌레를 시소
아래쪽에다 태워.

무당벌레가
위로 올라가.

기울지 않고
평평하게 돼.

반대로 기울어.

무당벌레가
뒤돌아
다시 올라가.

무당벌레 무늬 찾기

알록달록 가지가지
서로 다른 무늬랑 색깔
무당벌레를 찾아보자.

왕거위벌레 알집 보물찾기

숲길에 돌돌 말린 잎사귀.
풀어 보면 노란 왕거위벌레 알이 들어 있어.
왕거위벌레 알집 누가 더 많이 찾나 내기할까?

왕거위벌레 키우기

병 속에 젖은 휴지를 깔고 알집을 몇 개 넣어.
휴지가 마르지 않게 가끔 물을 뿌려 줘.
3주쯤 지나면 왕거위벌레 어른벌레가 나와.

젖은 휴지

하늘소 돌드레

천하장사 하늘소 힘센 하늘소!
크기가 다른 돌멩이를 놓아서
어디까지 드나 보자.
여러 마리 잡아서
누가 힘이 센지 겨뤄 보자.

버들하늘소   알락하늘소

잠자리 돌드레

다리가 앞쪽으로 쏠려 있어
걷지 못하는 잠자리,
하늘에서는 힘센 사냥꾼 잠자리!
크기가 다른 돌멩이를 놓아서
어디까지 드나 보자.

애벌레 놀이 1

숲속 낙엽 썩은 흙에 사는 꽃무지 애벌레를 찾았어!
나뭇가지에 사는 자벌레도 잡았어!

꽃무지 애벌레

물결자나방 애벌레

꽃무지 애벌레를
밖으로 꺼내서 가만두면
누워서 등으로 기어가.

자벌레(자나방 애벌레)는
길이를 재듯
몸을 접었다 폈다
하면서 기어가.

애벌레 놀이 2

호랑나비 애벌레를 건드리면
머리 위로 뿔이 불쑥! 불쑥!
천적을 놀라게 해서
위험을 피하려고 그러는 거야.

호랑나비 애벌레

산호랑나비 애벌레

늘 좋은 물 물 물
찰방찰방 신나는 물놀이

맑은 개울물, 깨끗한 시냇물, 푸르른 강물
졸졸졸 흐르네, 돌돌돌 흐르네, 촬촬촬 흐르네.
물속에는 어여쁜 물고기들 살랑살랑
우리들은 물속에서 찰방찰방.
족대로 물고기 잡아서 배시시 웃고
물똥싸움 물총 쏘면서 까르르 웃네.
늘 좋은 물 물 물, 늘 놀고 싶은 물.
쉬리, 버들치 쫓다 보면
하루가 훌쩍 가고
물놀이하다 보면
여름이 저만치 가네.

물똥싸움

"히히, 물똥싸움 재밌겠다!"
두 편으로 갈라서 몇 걸음 떨어져 마주 보고 서서
물을 신나게 파팟 팟팟팟!
손으로도 끼얹고 발로도 끼얹어.
"내 물맛 좀 봐라!"
"으그그, 차다 차!"
"이건 소방차 물맛이다! 어때, 세지?"
"에이취, 코로 물 들어갔다!"

물 공놀이

팅! 통! 팅! 통!
"헉헉, 물속에서 뛰려니까 자꾸 넘어질 거 같아!"
"여기 여기, 우리 편한테 공을 던져야지,
 상대편한테 주면 어떡해!"
찰방찰방 첨벙첨벙 물 공놀이
힘들어도 재미난다.

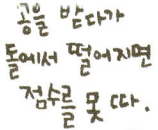

① 두 편으로 갈라서 공 받는 사람을 한 명씩 뽑아.
② 어느 정도 떨어져 있는 커다란 돌을 정하고
   공 받는 사람이 돌 위에 올라가.
③ 공을 가운데 던져 놓고 시작하는데,
   얼른 공을 잡아서 상대편을 피해
   자기편끼리 공을 주고받다가 공 받는 사람한테 던져.
   공을 받으면 한 점 따는 거야.
④ 미리 정해 놓은 점수를 먼저 따면 이겨.

물총 놀이

시원시원 물총 놀이, 편 갈라 해 보자.
몇 걸음 거리를 두고 같은 편끼리 늘어서.
신나는 물총 놀이 시작이다!
"절대 안 봐줄 테다!"
쏴쏴쏴! 쏴아쏴아! 쏴쏴! 쏴쏴!
"에구구구, 귀에 맞았다!"
"으랏차차! 물총에는 머리가 방패다!"

대나무 물총 만들기

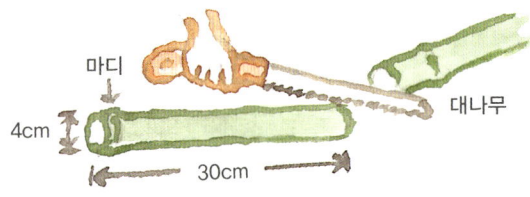

① 대나무를 한쪽 마디를 남기고 잘라.

② 마디 가운데에다 구멍을 뚫어.

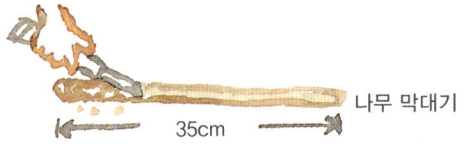

③ 나무 막대기에다 헝겊을 감을 건데,
헝겊이 빠지지 않게 칼집을 내.

④ 헝겊을 감은 다음 물에 적셔서
대나무 통에 넣을 거야.
넣을 때 조금 빽빽할 만큼
헝겊을 감아.

⑤ 감은 헝겊을
실로 단단히 묶으면 끝!

앞 구멍을
물에 넣고서
막대기를 당기면
물이 빨려
들어와.

막대기를
밀어 넣으면
앞 구멍으로 물이
뿜어져 나와.

귀에 들어간 물 빼기

햇볕에 달구어진 돌멩이를 귀에 대.
한 발로 콩콩콩 한 발로 콩콩콩.
"어, 귀에서 물이 빠진다, 빠져."

페트병 물놀이

페트병만 있으면 물총이 뚝딱!
페트병 물총이 푸푸푸 물을 푸푸푸!
페트병만 있으면 폭포도 뚝딱!
페트병 폭포가 쏴쏴쏴 물을 쏴쏴쏴!

 ① 페트병 뚜껑 가운데에다 송곳으로 구멍을 뚫어.

 ② 물을 채우고 뚜껑을 닫아.
③ 꾹 누르면 물이 푸우 뿜어져 나와.

페트병 밑에다 송곳으로 구멍을 숭숭숭 많이 뚫어. 물을 채우면 페트병 폭포!

숨 참기 놀이

뽀르르르 꼴꼴꼴! 코에서 물방울이 방울방울.
"에구구, 물속에서 숨 참으려니까 죽겠다 죽겠어!"
"흠흠흠, 백까지만 세고 나가야지."
누가 누가 물속에시
숨을 더 오래 참을까?

해녀 놀이

해녀 할머니처럼 바닷속에서 보물을 찾아보자.
해삼 대신 길쭉한 돌멩이, 전복 대신 동그란 돌멩이,
소라 대신 울퉁불퉁 돌멩이.
"우아, 돌멩이가 다 보물이다, 보물!"
"나는 바닷속에 숨은 별을 찾았지롱!"

우유갑 뗏목 놀이

우유갑 뗏목을 타고 우유갑 물갈퀴를 저으니까,
나는야, 뱃사람! 부웅부웅 뱃고동을 울리며 바다로!

① 우유갑 위를 찍개로 찍고
청테이프로 붙여서
물이 안 들어가게 해.
이렇게 스무 개를 만들어.

② 우유갑 열 개를
청테이프로 둘러 묶어.
이렇게 두 묶음을 만들어.

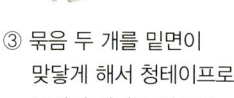

③ 묶음 두 개를 밑면이
맞닿게 해서 청테이프로
둘러서 하나로 만들어.

우유갑 물갈퀴

① 우유갑 두 개를
위와 아래를 잘라 내.

② 한쪽을 청테이프로 붙여서 막고
옆면에 손가락이 들어가게
3센티미터쯤 되는 구멍을 내.

③ 한 개는 왼쪽,
다른 한 개는
오른쪽에 구멍을 내.

스티로폼 뗏목 놀이

① 스티로폼 상자 뚜껑을 닫고
청테이프를 둘러
물이 못 들어가게 해서 네 개 만들어.

② 두 개씩 청테이프로
이어 붙여.

③ 두 개씩 붙인
두 쌍을 청테이프로
또 이어 붙여.

흔들흔들 스티로폼 뗏목 위에서
누가 더 오래 균형 잡고 서 있을까?

스티로폼 뗏목을 타고 개울 바닥을 밀면서 가.
"아슬아슬하지만 진짜 배 타는 거 같아!"

조릿대 돛단배

① 잎자루를 길게 남겨서 점선대로 접어.
② 점선대로 잘라.
③ 양쪽을 끼우고는 잎자루를 세워.
④ 잎자루에다 다른 나뭇잎을 끼우면 조릿대 돛단배 완성!

소나무 껍질 돛단배

① 송곳으로 소나무 껍질에 구멍을 뚫어.
② 나뭇가지를 끼워.
③ 나뭇가지에 나뭇잎을 꿰어.

소나무 껍질을 배 모양으로 다듬으면 더 멋져.

종이배 접기

① 반을 접어 내려.
② 양쪽을 가운데 선에 맞춰서 접어.
③ 점선대로 앞뒤를 양쪽으로 접어 올려.
④ 안을 벌려서 접어.

⑤ 앞뒤를 다 점선대로 반을 접어 올려.
⑥ 안을 벌려서 접어.
⑦ 양쪽을 잡아당겨.
⑧ 배 모양을 잘 잡아 줘.

우유갑 돛단배

① 자를 대고 반으로 잘라.

② 잘라 낸 윗부분 가운데에 1.5센티미터 가위집을 내.
③ 우유갑 위아래를 자르고 다시 몸통을 반으로 갈라. 돛으로 쓸 거야.
④ 돛을 끼우면 우유갑 돛단배!

페트병 통발로 물고기 잡기

① 페트병 주둥이를 잘라.

② 송곳으로 페트병 밑에다 구멍 두 개를 뚫어.

③ 과자나 밥, 된장 따위를 미끼로 넣어.

④ 잘라 낸 주둥이를 거꾸로 해서 페트병에다 끼워.

⑤ 물속에 넣었을 때 공기가 남아 있으면 페트병이 뜨니까, 페트병을 기울여 가면서 공기를 다 빼.

⑥ 페트병을 돌로 잘 눌러 놓아. 움푹 파여서 물 흐름이 느린 곳에 놓으면 좋아.

플라스틱 통발

플라스틱 상자 뚜껑에 네모난 구멍을 뚫어. 돌하고 미끼를 넣어.

풀 묶음으로 잡기

① 물가에 자라난 풀을 베어 풀 묶음을 만들어.

② 풀 묶음을 물속에 넣고 돌에다 묶어.

③ 커다란 보자기 따위를 풀 묶음 밑에 넣어서 들어 올려. 그러고는 물 밖으로 나와서 풀 사이를 헤쳐 봐.

어항으로 잡기

떡밥

어항 입구
어항 고정 핀

① 물을 조금씩 부으면서 조금 뻑뻑하게 떡밥을 반죽해.

② 납작한 돌멩이에 떡밥을 눌러서 잘 붙여. 어항 어귀에도 떡밥을 붙여.

물 흐름

③ 둑을 쌓아 물 흐름을 느리게 해.

④ 어항 앞에다 떡밥을 붙인 돌멩이를 쓰러지지 않게끔 잘 세워.

⑤ 어항 고정 핀을 돌로 잘 눌러.

양동이 어항

① 양동이에 된장이나 떡밥, 깻묵 반죽한 것을 미끼로 넣어.

② 비닐을 씌우고 끈으로 단단히 묶어. 비닐 가운데에 칼집을 내서 물고기가 들어갈 틈을 만들어 줘.

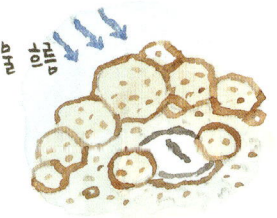
물 흐름

③ 어항을 바닥에 묻고 돌로 잘 눌러 놔.

둑 쌓기

"물살이 빠른 데다 둑을 쌓아야지."
둑을 쌓으면 물 흐름이 느려져서 놀기도 좋고, 어항을 놓기에도 좋아.
"나는 둑 쌓는 게 더 재미나!"

물 흐름

족대로 잡기

물 흐르는 아래쪽에다 족대를 대고
위에서 여러 명이 옆으로 늘어서서 물고기를 몰아.

돌에다 족대를 대고 돌을 흔들어.
큰 돌은 나무 막대기를 지렛대로 삼아 움직여.

물고기 관찰하기

"물고기 등이 땅 색깔하고 닮아서
 위에서 보니까 바닥인지 물고기인지 모르겠어."
"그럼 물고기를 옆에서 봐 봐. 무늬가 다 다르지?"

물가에 족대를 대고 물가에 자란 풀을
밟아서 족대에 물고기를 몰아.

물속 관찰 물안경

플라스틱 통

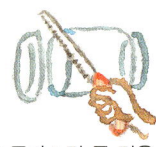
① 플라스틱 통 밑을 잘라 내.

② 투명한 비닐을 씌우고 고무줄로 단단히 묶어.

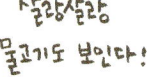

산골짜기에 사는 물고기

버들치　　　퉁가리

강 중상류에 사는 물고기

참갈겨니　　쉬리　　돌고기
　　　　　참종개
　　　돌마자　　참마자
꺽지

쉬리는 물살이 센 여울에,
꺽지는 물 흐름이 느린
돌 밑에서 살아.

물고기마다
사는 곳이
다르구나.

강 중류에 사는 물고기

수컷
암컷
피라미　　누치　　납자루 암컷 / 수컷

암컷 / 수컷
각시붕어　　붕어　　모래무지

논이나 저수지에 사는 물고기

미꾸라지는
미꾸리보다
납작하고
수염이 길어.

메기　　미꾸라지
　　　　미꾸리

두근두근 여름밤

이글이글 뜨거운 한여름.
그래서 밤이 되기를 기다렸지.
여름밤은 시원해서 놀기 좋아!
밤에 놀면 두근두근 더 신나.
새까만 어둠 속에서 무언가가 툭!
튀어나올 것만 같지만
흥, 까짓것!
동무들이랑 놀면 하나도 안 무서워.
나무 그림자에 내 그림자를 감추고
깜깜한 어둠 속으로 꼭꼭 숨어들어.
두근두근 여름밤으로 들어와 볼래?

그림자밟기

① 놀 자리를 정하고 가위바위보로
   술래를 한 명 뽑아.
② 술래가 "무궁화 꽃이 피었습니다!"를
   세 번 외치는 사이에 모두 달아나야 해.
③ 술래한테 그림자를 밟히면 그 사람이 술래가 돼.
   그림자를 안 밟히려면 집이나 나무 같은
   다른 그림자 속에 쏙 들어가면 돼!

어부술래잡기

술래들이 손을 잡고 우르르 몰려와.
에구구, 요리조리 도망을 다녀도
독 안에 든 쥐야.

① 먼저, 여기서부터 저기까지 놀 자리를 정해서
  가위바위보로 술래 두 명을 뽑아.
② 술래들이 "무궁화 꽃이 피었습니다!"를 두 번 외치고,
  둘이서 손을 잡고 나머지 사람들을 치러 다녀.
③ 술래한테 맞으면, 맞은 사람도 술래가 되어 손을 잡고 다녀.
  술래가 네 명이 넘으면 둘로 나눠도 돼.
④ 술래가 모두 잡아야 끝!

진치기 (다방구 놀이)

① 나무나 놀이 기구 따위를 진으로 정해.
② 가위바위보로 술래를 뽑아. 술래는 서너 명에 한 명꼴로 하면 돼.
③ 술래가 "무궁화 꽃이 피었습니다!"를 다섯 번 외치고는 치러 다녀.
④ 술래한테 맞으면 진에 가서 붙어 있어야 하는데,
  서로 손을 잡고 길게 늘어서서 살려 달라고 해.
  잡혀 있는 동안 가까이 붙어 있지 못하게 술래가 발로 차서 쫓아.
⑤ 잡히지 않은 사람이 술래를 피해 잡혀 있는 사람
  손 사슬을 끊으면서 "땡!" 하고 외쳐.
  그러면 사슬이 끊긴 사람만 살아나.
  진을 짚으면서 "땡!" 하고 외치면 잡혔던 사람들이 다 살아나.
⑥ 모두 잡히면 끝!

등불에 모이는 곤충

여름밤엔 모기처럼 피하고 싶은 곤충도 있지만 반가운 곤충들도 많아.
불 켜진 가로등이나 간판 같은 데를 보면 곤충들이 바글바글해.
곤충은 불빛을 좋아하나 봐. 달이 밝지 않고 바람이 없는 날에
곤충들이 더 많아. 반가운 곤충들아, 안녕!

숲길에서 만난 곤충

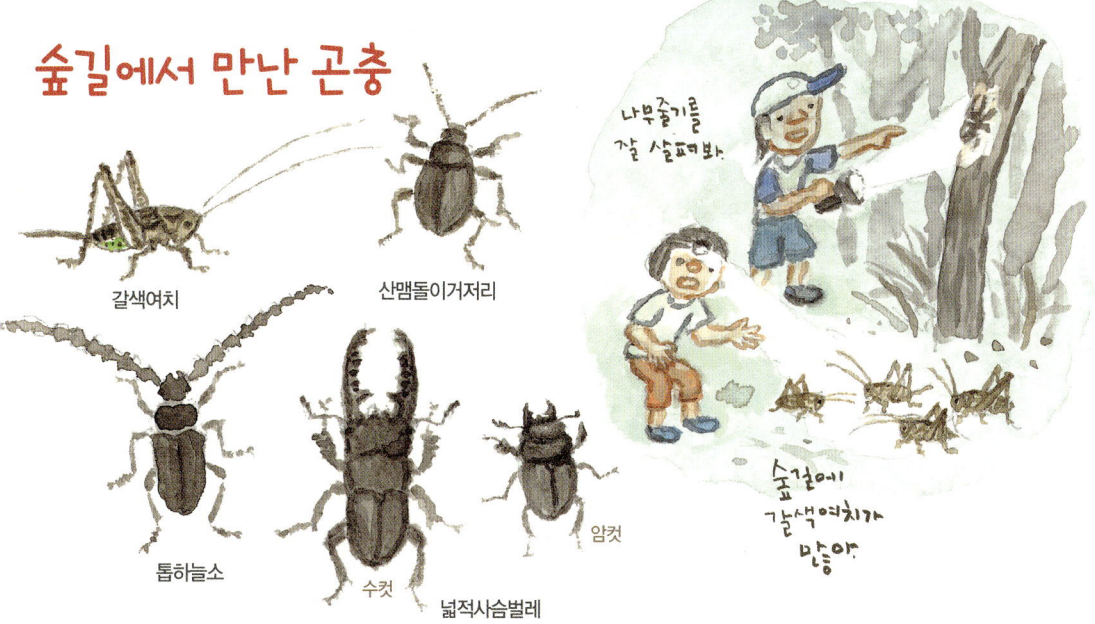

갈색여치
산맴돌이거저리
톱하늘소
수컷
암컷
넓적사슴벌레

나무줄기를 잘 살펴봐.
숲길에 갈색여치가 많아.

잠자는 식물

밤이면 잎이나 꽃잎을 접고 잠자는 나무나 풀도 있어.

잎이 앞쪽으로 접혀. 
자귀나무

☀ 낮
🌙 밤

잎이 뒤쪽으로 접혀. 
족제비싸리

토끼풀

밤에 피는 꽃이야. 
달맞이꽃

괭이밥

꽃잎이 아래로 접혀. 
쑥갓

꽃잎이 위로 오므라들어. 
코스모스 
개망초

재미난 가을 놀이터

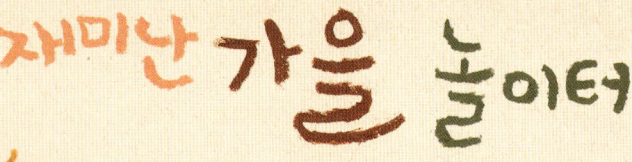

한가위 좋고 좋은 날
휘영청 보름달 뜬다

한가위 한가위 즐거운 명절.
오독오독 밤 먹고
아삭아삭 대추 먹고
달콤달콤 송편 먹고
노세 노세 흥겹게 노세!
한가위 한가위 좋고 좋은 날.
뜬다 뜬다 보름달 뜬다.
희디 흰 모시옷 입고
둥싯둥싯 떠오르네.
가세 가세 달구경 가세!
모두 모두 소원 빌러
어여여, 달구경 가세!

한가위 달맞이

달 달 무슨 달, 쟁반같이 둥근 달!
동무들아, 어서어서 오너라! 달맞이 가자.
달에서 쿵더쿵 방아 찧는 옥토끼 보러 가자.
한가위 보름달에 소원 빌러 가자.

보름달 숨은그림찾기

동무들아, 보름달 속에 숨어 있는 무늬, 뭐로 보이니?
토끼? 당나귀? 두꺼비? 사자? 여자 얼굴?
보름달 속에는 끝없이 많은 그림이 숨어 있지!

방아 찧는 토끼(한국) 당나귀(스페인) 책 읽는 여자(영국) 게(멕시코)

두꺼비(중국) 악어(에티오피아) 여자 얼굴(유럽) 일어서는 사자(아라비아)

동대문 놀이

'동동 동대문을 열어라' 노래를 부르면서 대문으로 들어가. 문 닫기 전에 빨리 가야 해. 노래가 끝나면 철컥! 팔을 내려 문을 닫아.
"에구구, 문에 갇혔어!"
"이번에 네가 술래다!"
문 안에 갇힌 사람이 술래가 돼.

① 두 사람씩 가위바위보를 해서 진 사람이
   이긴 사람 허리를 잡고 뒤에 붙어.
② 이긴 사람끼리 또 가위바위보를 해서 진 쪽이
   다시 뒤에 붙어. 모두 한 줄이 될 때까지 계속해.
③ 맨 뒤 두 사람이 술래가 되어 두 손을 맞잡고 들어서
   대문을 만들이.

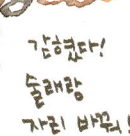

기와밟기

기와에 오른 사람은 '기와밟기' 노래를 부르며
천천히 기와를 밟고 가.
기와에 오른 사람이 앞소리를 하면
엎드린 사람들은 뒷소리를 합창해.

♪ 〈앞소리〉   〈뒷소리〉
어디 골 기완가   장자골 기와지
몇 닷 냥 주었나   석 닷 냥 주었지
어디 골 기완가   전라도 기와지
몇 닷 냥 주었나   일곱 닷 냥 주었지
어디 골 기완가   경상도 기와지
몇 닷 냥 주었나   스물 닷 냥 주었지

① 한 줄로 나란히 선 다음 몸을 구부려 바로 앞사람 허리를 두 팔로 껴안아.
 그러고는 고개를 앞사람 엉덩이 왼쪽에다 대. 기와를 만드는 거야.
② 맨 끝에 있는 세 사람 가운데 한 사람이 기와에 올라가. 나머지 두 사람은
 올라 걷는 사람이 떨어지지 않게 양쪽에서 손을 잡아서 기와를 건너.
③ 맨 앞까지 가면 기와를 밟고 온 사람과 손을 잡아 준 사람들도
 차례로 엎드려 기와가 돼.
④ 맨 끝에 있는 세 사람이 ②번부터 이어서 계속해.

맨 끝에 엎드린 사람은 등을 낮춰서
올라가기 쉽게 계단을 만들어 줘.

기와밟기 시합

① 사람들 수가 똑같게 두 편으로 나눠.
② 편마다 처음 기와 밟을 사람과 손잡아 줄 사람 둘을 뽑아.
 나머지 사람들은 기와를 만들어.
③ '시작!' 하면 노래를 부르며 기와밟기를 해. 맨 앞까지 오면
 기와 밟던 사람은 엎드려서 기와가 되고 손잡아 주던 사람 둘은
 다시 맨 끝으로 가서 한 사람씩 기와 건너는 것을 도와줘.
④ 모두 한 번씩 먼저 기와를 건넌 편이 이겨.
 기와 밟는 사람이 떨어지면 져.
 노래를 틀리거나 끊겨도 져.

솔잎 떼어 내기

향긋한 냄새 솔솔 솔잎 넣어 찌면 더 맛난 송편.
솔잎 많이 모아서 송편도 찌고, 솔잎 떼어 내기 놀이도 해.

① 두 장씩인 솔잎 바늘잎을 한 장씩 다 떼어 내.
② 솔잎을 손에 모아 쥐고는 던져서 흩어 놓아.
③ 순서를 정해 차례대로 솔잎을 한 장씩 살짝 들어내.
  솔잎을 들어내다가 다른 솔잎이
  움직이면 못 가져가.
  그러면 다음 사람이 이어서 해.
  옆에 있는 솔잎을 건드리지 않고
  들어내면 계속할 수 있어.
④ 솔잎이 없어질 때까지 해서
  가장 많이 가져간 사람이 이겨.

질경이 제기

길로 길로 가다가 만나는 질경이 잎
똑똑 따서 질경이 제기 만들자.
툭툭 톡톡 얼마나 잘 차질까?
휘익휘익 얼마나 잘 날아갈까?

① 크고 억센 질경이 잎을
  15~20장쯤 뜯어.

② 잎자루를 꺾어서
  실만 남기고 버려.

③ 실이 달린 잎을 두 묶음으로
  차곡차곡 모아.

④ 두 묶음을 실로
  튼튼하게 여러 번 묶어.

⑤ 묶음 가운데를
  잡고 흔들어.

질경이 제기
완성!

갈대 창던지기

갈대나
억새 줄기에서
잎을 떼고
이삭을 잘라 내서
창을 만들어.

칡줄 돌리기

씽씽씽 쌩쌩쌩 칡줄이 돌아간다.
넘어라 넘어라, 걸리지 않게 넘어라!
둥근 보름달 같은 원을 그려서
칡줄 돌리기는 '달 놀이'!

① 긴 칡줄기 한쪽을 여러 겹 묶어서 추를 만들어.
② 술래는 칡줄을 땅바닥 가까이에 닿게끔 해서 빙글빙글 돌려.
③ 술래가 줄을 돌리면서 '넘어라' 하면, 다른 사람들은
    줄이 도는 원 안으로 들어와서 줄에 걸리지 않게 넘어.
④ 줄에 걸린 사람이 술래가 되어 놀이를 계속해.

긴 줄넘기

"줄이 쌩쌩 도니까 들어가기 무서워!"
" '꼬마야 꼬마야' 노래에 맞춰서 들어가면 돼."
뒤 돌고 땅 짚고 만세 부르고 빠져나오고!
무서워 말고 해 봐. 참말로 재미나!

① 줄 돌릴 사람 둘을 뽑아.
② 다른 사람들은 한 줄로 서서
    줄 안으로 뛰어들 준비를 해.
③ 줄을 돌릴 때 한 사람씩
    도는 줄에 걸리지 않게 들어가.
④ 줄을 넘으면서 '꼬마야 꼬마야'
    노랫말에 맞춰 동작을 하고 빠져나와.

♪ 꼬마야 꼬마야 뒤를 돌아라
꼬마야 꼬마야 땅을 짚어라
꼬마야 꼬마야 만세를 불러라
꼬마야 꼬마야 잘 가거라

긴 줄넘기 시합

두 편으로 갈라서 긴 줄넘기 시합을 해 보자.
"우르르 모두 들어가서 줄에 걸리지 않고
팔짝팔짝 잘 뛸 수 있을까?"
"엥, 우리 편은 일곱 개에 걸렸어."
"이겼다! 우리 편은 걸리지 않고
스물세 개!"

칡 줄다리기

구불구불 기다란 칡줄기, 가을 칡줄기는 참 질기기도 하지!
"줄다리기를 해도 끄떡없겠다!"
잎과 줄기를 다 떼어 내고 긴 줄을 만들어서
칡 줄다리기를 해 볼까나.

두 편으로 나눠서 가운데에다 금을 긋고, 줄 가운데에 다른 끈을 묶어.
시간을 정하고, 시작하면 영차! 영차! 줄을 힘껏 당겨.
묶은 끈이 자기편 쪽으로 더 많이 오면 이겨.

칡 고리 걸기

칡줄기를 보름달처럼 둥글게 엮어서
휙 휙 휙, 칡 고리 걸기!
보름달이 나무 막대기에 쏙 쏙 쏙!
"히힛, 보름달을 세 개나 땄어!"

땅에 나무 막대기를 꽂고
고리를 던져서 걸어.

칡 고리 만들기 ①

① 칡줄기를 한 번 둥글게 말아서 한 손으로 쥐어.
② 둥글게 만 칡줄기에다 다른 줄기를 엮어.
③ 칡줄기를 한 겹 더 돌려서 엮어. 줄기 끝은 엮은 줄기 사이로 끼워 넣어.

칡 고리 만들기 ②

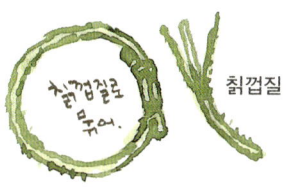

칡줄기를 둥글게 말아서 끝이 겹쳐지게 잘라서는 칡껍질로 감고 묶어.

엉덩이 씨름

땅바닥에 두 걸음쯤
되는 크기로 원을 그려.
둘이 등을 마주 대고 서서
엉덩이로 상대편을
원 밖으로 밀어내.

손바닥 씨름

두 사람이 한 걸음쯤 거리를 두고
마주 보고 서서 어깨 너비로 발을 벌려.
두 손을 가슴께에 올리고
손바닥을 앞쪽으로 펴.
손바닥으로 상대편 손바닥을 밀쳐.

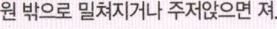

원 밖으로 밀쳐지거나 주저앉으면 져.

발을 움직이거나
몸에 손을 대면 져.

무릎 씨름

마주 보고 앉아서 같은 쪽 다리 무릎 안쪽을 맞대.
무릎을 맞댔을 때 발이 바닥에서 떨어지면 안 돼.
상대편 무릎을 옆으로 젖히면 이겨.

팔씨름

둘이 마주 보고 앉아서
팔꿈치를 바닥에 대고 한 손을 맞잡아.
다른 손은 상대편 팔꿈치 옆에 펴서 대.
'시작!' 하면 서로 힘을 겨뤄.
팔꿈치가 바닥에서 떨어지거나
움직이면 안 돼.
상대편 팔을
먼저 젖히면 이겨.

돼지 씨름

① 등을 마주하고 쪼그려 앉아.
② 두 팔을 종아리랑 허벅지 사이에 끼우고
   오른손은 왼 발목을 왼손은 오른 발목을 잡아.
   엇갈려 잡기가 힘들면 오른손으로 오른 발목,
   왼손으로 왼 발목을 잡아.

③ 모둠발로 콩콩 뛰면서
   엉덩이로 상대편을 밀어 쓰러뜨려.
   엉덩이를 높이 들거나
   한 발 한 발 따로 움직여 걷거나
   발목 잡은 손을 놓치면 안 돼.

게 씨름

배를 위로 하고 두 손으로 바닥을 짚은 뒤
엉덩이를 치켜들어.
옆으로 다가가서 어깨나 엉덩이로 밀어.

쓰러지거나 엉덩이가 땅에 닿으면 져.

외발 씨름

두 사람이 마주 보고 서서
한 발을 뒤로 들어서 한 손으로 잡아.
'시작!' 하면 외발로 다가가서
발을 잡지 않은 손으로 상대편을 밀어.

넘어지거나 뒤로 잡은 발을 놓치면 져.

어깨 씨름

두 손은 뒷짐을 지고 한쪽 다리를 들고
외발로 콩콩 뛰어 다가가.
서로 어깨를 밀쳐서 상대편 두 발이
땅에 닿거나 넘어지면 이겨.
씨름하는 동안 발을 바꿀 수 없고,
뒷짐 진 손을 놓아서도 안 돼.

줄 씨름

① 길이가 4미터쯤 되는 줄을 준비해.
   줄이 없으면 칡줄기도 괜찮아.

② 서너 걸음쯤 떨어져 둘이 마주 서서
   발을 어깨너비로 벌려.
   줄 양끝을 허리 뒤로 돌려 감고
   줄 끝을 손에 쥐어.
   서로 다른 방향으로 감아야 해.

③ '시작!' 하면 줄 잡은 손하고 허리 힘으로
   줄을 당겼다 놓았다 하면서 상대편을 공격해.

발을 움직이거나 줄을 놓치면 져.

손 씨름

두 사람이 마주 서서 오른발 바깥쪽을 맞대고
오른손을 맞잡아. 왼발을 맞대면 왼손을 맞잡으면 돼.
'시작!' 하면 마주 잡은 손을 밀거나 당겨서
상대편을 넘어뜨려.

발을 움직이거나 다른 손을 쓰면 져.

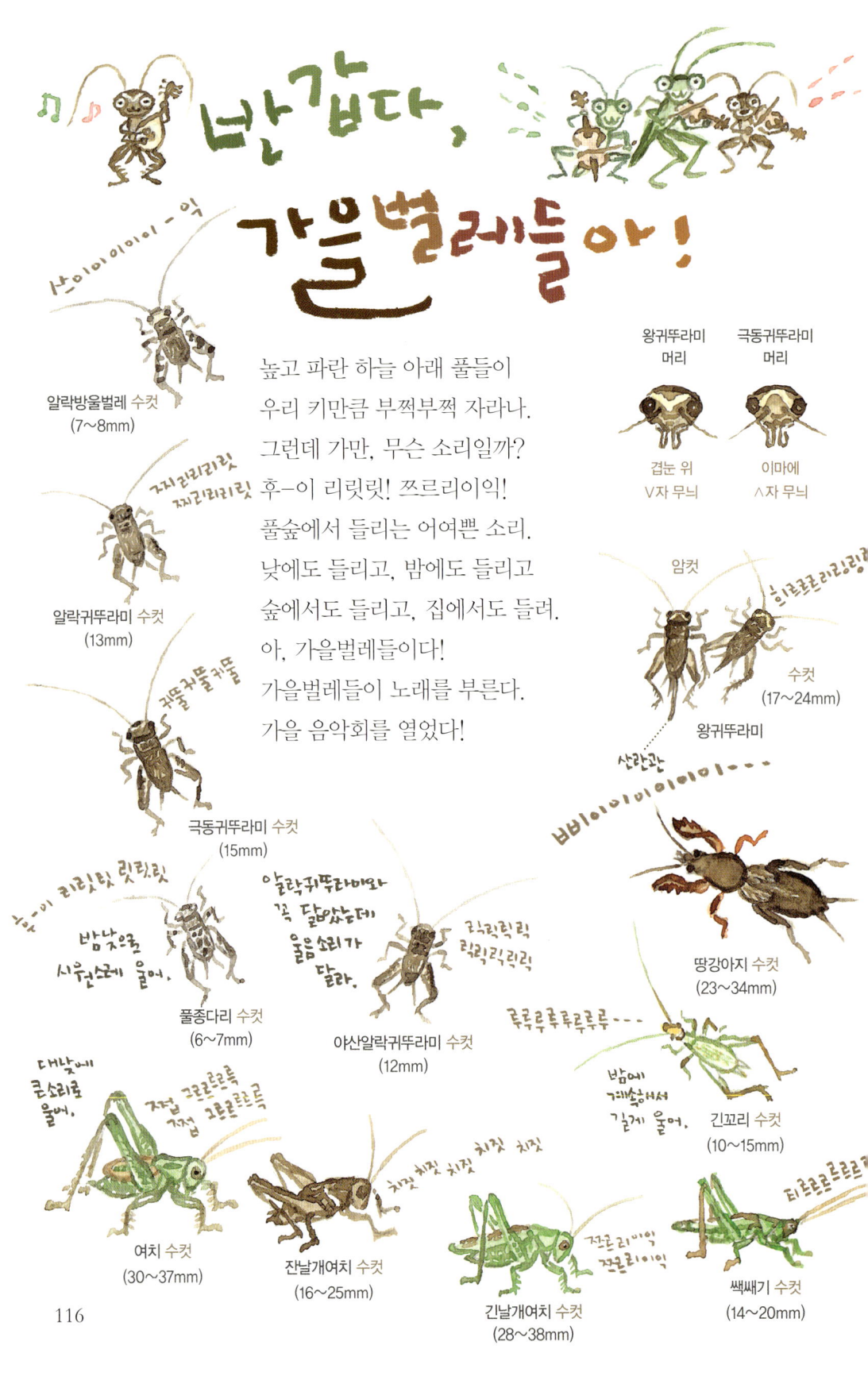

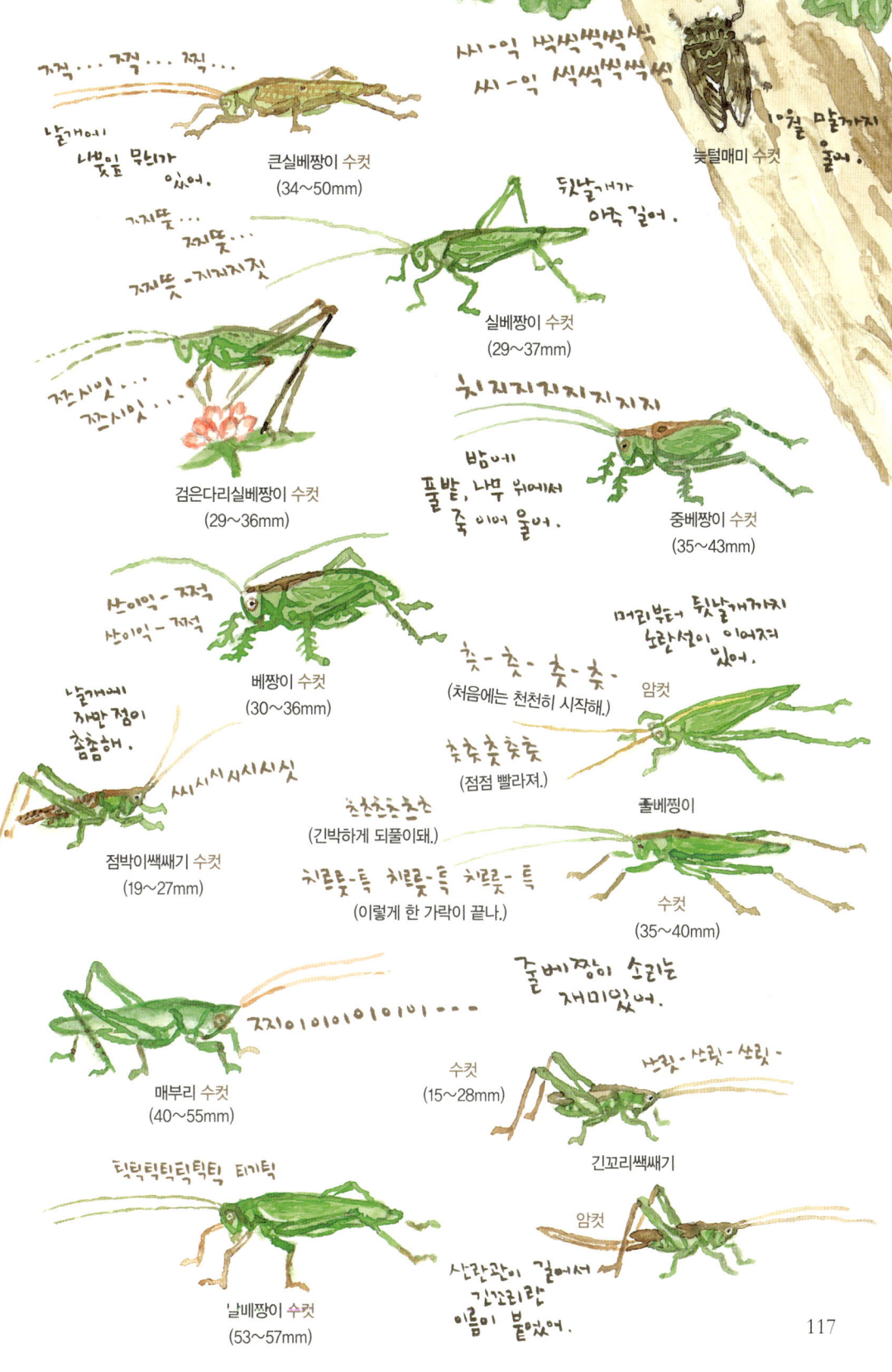

벌레 소리 듣기

"쉿, 저기서 벌레 소리가 나."
벌레 소리 나는 데로 살금살금 엉금엉금.
"앗, 벌레 소리가 뚝 그쳤다."
벌레가 울음을 그치면 그 자리에서 가만히 기다려.
벌레가 다시 울면 천천히 계속 다가가.

귀뚤귀뚤 누굴까?

술래를 정하고, 다른 사람들은 둥글게 둘러서.
술래는 가운데 들어가서 눈을 감고 앉아.
한 사람씩 귀뚜라미처럼
팔짝팔짝 뛰어서 술래한테 가.
"귀뚤귀뚤 쓰르르륵 귀뚤귀뚤 쓰륵쓰륵"
누가 낸 소리일까? 술래가 맞힐 때까지
다른 사람들이 계속 이어서 해.

한 가지 소리만 흉내 내지 말고
다른 벌레 소리도 자기가 들은 대로
흉내 내면 더 재미나.

매미 피리

① 작은 플라스틱 통을 준비해.

② 옆을 잘라 내.

③ 구멍을 뚫어.

④ 실을 구멍에 넣어서 작은 막대에 묶어.

⑤ 날개와 눈도 오려 붙여.

⑥ 끈을 잡고 뱅뱅뱅 돌려.

도토리깍정이 피리

신갈나무
도토리깍정이

① 도토리깍정이 속이 위로 오게 해서 양쪽 엄지손가락으로 윗부분을 조금 남기고 쥐어.

② 엄지손가락 마디를 산처럼 봉긋이 세워.

③ 세운 엄지손가락 마디에 입술을 대고 불어.

종이 피리 1

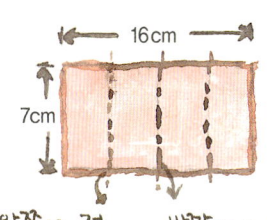
① 종이를 그림처럼 접어.

② 바깥쪽으로 솟은 곳 가운데를 가위로 둥글게 오려.

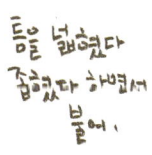 
③ 집게손가락과 가운뎃손가락 사이에 끼워서 입에 대고 불어.

크기를 달리해서 만들어 봐.

종이 피리 2

① 종이에 연필을 대고 말아.

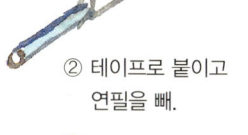
② 테이프로 붙이고 연필을 빼.

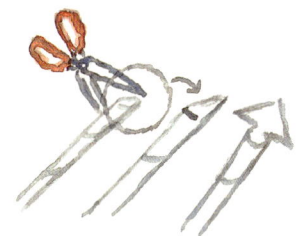
③ 대롱 끝을 4분의 3쯤 잘라서 삼각형 모양 뚜껑을 만들어.

④ 후욱! 하고 공기를 들이마시면 소리가 나.

귀뚜라미 잡기

낮에 귀뚜라미를 찾으려면
풀 더미나 낙엽, 썩은 나무,
돌 아래를 들춰 봐.

밤에는 벌레가 우는 곳으로 가면 쉽게 찾을 수 있어.
길에 돌아다니는 건 거의 암컷이야.
수컷을 찾으려면 풀숲을 헤치고 땅을 살펴봐.

페트병 주둥이를 잘라 덮쳐서 잡거나
주둥이를 잘라 낸 통으로 몰아넣어서 잡아.

페트병 덫으로 벌레 잡기

페트병을 잘라
주둥이를 돌려서 끼워.

귀뚜라미는 플라스틱 바닥에서
걷지 못하니까 덫 입구에
흙을 깔아 줘야 해.

귀뚜라미 기르기

귀뚜라미는 땅에 알도 낳고 구멍을 파고 숨기도 해.
귀뚜라미가 잘 살 수 있게 흙을 5센티미터쯤 깔아 줘.

암컷은 울지 않으니까
수컷이 있어야
소리를 들을 수 있어.

귀뚜라미는 아무거나 잘 먹으니까
채소나 과일, 멸치를 넣어 줘.
곰팡이가 생기지 않게 꼬치에 끼우거나
병뚜껑에 담아 줘.

양배추 가지 오이 멸치

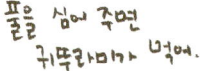

120

여치, 베짱이 잡기

먼저 눈으로 확인한 다음 잠자리채로 낚아채.
육식성인 여치, 베짱이는 깨무니까
맨손으로 잡지 말고
통에다 몰아넣어서 잡아.
한 손엔 뚜껑, 다른 손엔 통을 들고
양손을 천천히 좁혀서
통에 몰아넣어.

귀뚜라미, 베짱이, 날베짱이, 쌕쌔기류 따위
벌레들이 더러 불빛에 날아와.

풀을 넣은 통 안에 잡은 벌레를 넣어.
여치나 베짱이, 날베짱이처럼
육식성 벌레들은 따로따로 담아 줘야 해.

여치, 베짱이 기르기

페트병을 잘라 만든 화분에 따로 볏과 식물인
바랭이, 강아지풀, 돌피 따위를 심어 줘.
통 안에 공기가 통하도록 꼭 구멍을 뚫어 주고
먹이를 넣어 줘.

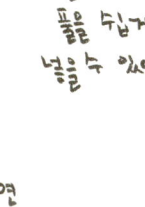

애호박   오이   멸치

매부리

실베짱이

땅에 알을 낳는 벌레는 통 안에 흙을 깔아 줘.
육식성인 여치나 베짱이류는 한 마리씩 따로따로 길러야 해.
잡은 벌레는 가을이 가기 전에 잡은 곳으로 돌려보내 줘.

낙엽, 낙엽, 참 좋은 낙엽

공원에서 주운 낙엽

단풍나무
복자기
은행나무

계수나무

계수나무 잎에서 달콤한 냄새가 나.

나뭇잎은 나뭇잎은 요술쟁이.
노란 잎으로 바뀌어서는 살랑살랑.
빨간 잎으로 바뀌어서는 팔랑팔랑.
갈색 잎으로 바뀌어서는 너풀너풀.
빙그르르 춤추는 낙엽을 차곡차곡 모아서
둥그렇게 만들면 낙엽 둥지가 되어 좋다.
도톰도톰 쌓으면 낙엽 이불이 되어 좋다.
화르륵! 흩뿌리면 낙엽 비가 되어 좋다.
낙엽 낙엽 참 좋은 낙엽.

튤립나무

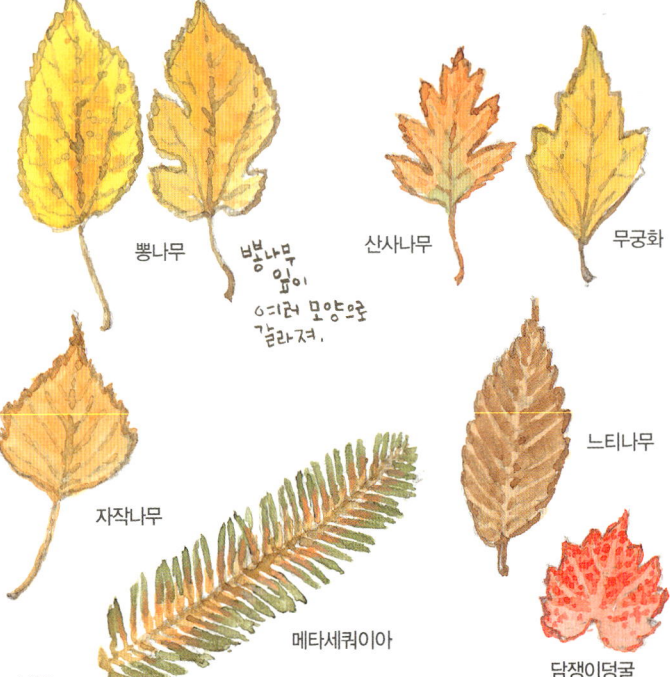

뽕나무
뽕나무 잎이 이런 모양으로 갈라져.
산사나무
무궁화
자작나무
메타세쿼이아
느티나무
담쟁이덩굴

산철쭉
화살나무
중국단풍

122

은단풍

수수꽃다리

감나무

백목련

양버즘나무

벚나무

낙엽 잇기 놀이

가지가지 낙엽을 잔뜩 모아서
출발선에 낙엽 한 장을 놓고 차례를 정해.
첫 번째 사람이 출발선에 놓인 나뭇잎과
같은 종류를 놓고, 그 옆에 다른 종류 나뭇잎을
이어 놓아. 두 번째, 세 번째 사람도
이런 식으로 이어 나가기.

편을 나누어
정한 시간에
누가 더 길게 잇는지
겨뤄 보는 것도 재미나.

먼저 놓은 낙엽

첫 번째 사람이 놓은 낙엽

두 번째 사람이 놓은 낙엽

세 번째 사람이 놓은 낙엽

낙엽 모으기

노릇노릇 낙엽 빨긋빨긋 낙엽.
울긋불긋 낙엽 어여쁜 낙엽.
한 아름 모아서 쌓고 또 쌓아.
"헤헤, 낙엽 산을 만들어야지."

숲에서 주운 낙엽

상수리나무
신갈나무
생강나무
싸리
청미래덩굴
산딸기
댕댕이덩굴
작살나무
층층나무
팥배나무
국수나무
신나무
당단풍나무
붉나무

낙엽 둥지

낙엽으로 만든 커다란 둥지야.
"둥지 속에 옹기종기 모여 앉으니
좋구나, 좋아!"
"여기서 살고 싶어."

낙엽 이불

바스락바스락!
낙엽 이불에서 소리가 나.
"아, 낙엽 소리가 자장가 소리 같다."
낙엽 이불 덮으니 포근포근 따뜻해.
"솔솔 잠 온다."

낙엽 뿌리기

화르륵! 하늘 위로
낙엽을 마구마구 흩뿌려.
"낙엽 비다, 낙엽 비!"
낙엽 비 맞으며 깡총깡총.
좋아서 좋아서 껑충껑충.

낙엽 잡기

갈바람이 씨잉씨잉!
낙엽이 휘릭휘릭 휘리릭!
"와, 낙엽이 춤을 추면서 떨어진다."
이쪽저쪽 요리조리
낙엽 잡으러 폴짝폴짝.
"땅에 떨어지기 전에 잡을 테야."
누가 누가 낙엽을 더 많이 잡았을까?

낙엽 조각 맞추기

양버즘나무나 일본목련처럼 크기가 큰 낙엽을
요리조리 오려서 조각 맞추기를 해 봐.
1단계는 한 장으로, 2단계는 두 장으로,
3단계는 세 장으로 하면 점점 더 맞추기 어려워.

같은 낙엽을 두 장 맞대고 똑같이 오려서
누가 빨리 맞추는지 겨뤄 봐도 재미나.

줄줄이 낙엽 커튼

예쁜 빛깔 낙엽을 골라서 실에 엮어.
창문에 커튼처럼 거니까
가을이 집 안으로 들어온 거 같아.

낙엽 카드 만들기

같은 낙엽으로 카드를 두 장씩 모두 여섯 종류 만들어.
노는 사람이 늘면 카드 수도 여덟 종류, 열 종류로 늘려.

① 두꺼운 종이를 카드 크기로
   잘라 낙엽을 붙여.
② 낙엽 카드에 투명 테이프를
   붙이면 잘 안 망가져.
③ 뒷면에는 예쁜 포장지를 붙여.

같은 낙엽 카드가
나오면 한 번 더
할 수 있게 규칙을
정해도 재미나.

낙엽 카드 짝 맞추기

① 가위바위보로 차례를 정해.
② 돌아가면서 차례대로 카드를
   두 장씩 뒤집어서 같은 낙엽이면
   가져가고 다르면 다시 제자리에
   그대로 뒤집어 놓아.
③ 바닥에 카드가 없어질 때까지 해서
   가장 많이 가져간 사람이 이겨.

낙엽 찾기 ①

눈을 동그랗게 뜨고 바닥에 늘어놓은 나뭇잎을 살펴봐.
"시작!" 하면 흩어져서 같은 종류 나뭇잎을 찾아와.
누가 누가 많이 찾아올까?
다른 걸 찾아오면 점수를 깎아.

낙엽 찾기 ②

누가 다른 종류 낙엽을 많이 찾을까?
"어, 이건 비슷한데……."
알쏭달쏭 헷갈려도 빨리빨리 찾아라!
"에이, 그냥 많이만 가져갈래."
같은 종류 낙엽은 몽땅 빼고 점수를 매겨.

낙엽 찾기 ③

같은 나무에서 떨어진 낙엽이 다 달라.
크기도 다르고, 모양도 다르고, 색깔도 달라.

낙엽 그림

낙엽만 있으면 우리는 꼬마 예술가!
으르렁으르렁 사자도 뚝딱.
이글이글 해님 닮은 꽃도 뚝딱.
낙엽으로 무엇이든 뚝딱뚝딱.

골판지 낙엽 왕관

① 골판지를 3센티미터 폭으로 길게 잘라서 멋진 무늬를 그려.

② 머리 둘레에 맞게 둥글게 이어 붙여.

③ 은행잎 잎자루를 골판지 폭에 맞춰 자른 다음 골판지 틈에 끼워.

은행잎 장미

① 은행잎 한 장을 돌돌 말아 잎을 계속 덧대면서 싸듯이 말아.
② 꽃 모양이 되면 잎자루를 묶어.
③ 돼지풀이나 돼지감자 풀대 속심을 빼고 은행잎 장미를 끼워.

양버즘나무 낙엽 왕관

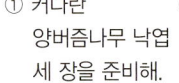

① 커다란 양버즘나무 낙엽 세 장을 준비해.
② 잎자루를 자르고 낙엽 아래 점선 있는 데를 뒤로 접어.
③ 접은 낙엽 두 장을 겹쳐 잎자루로 꿰어.
④ 낙엽 세 장을 둥글게 이어서 꿰면 완성!

낙엽 비행기

낙엽을 비행기나 제비 모양으로 오리면 잘 날아.
슝슝! 누구 것이 더 멀리 나는지, 오래 나는지 겨뤄 봐.

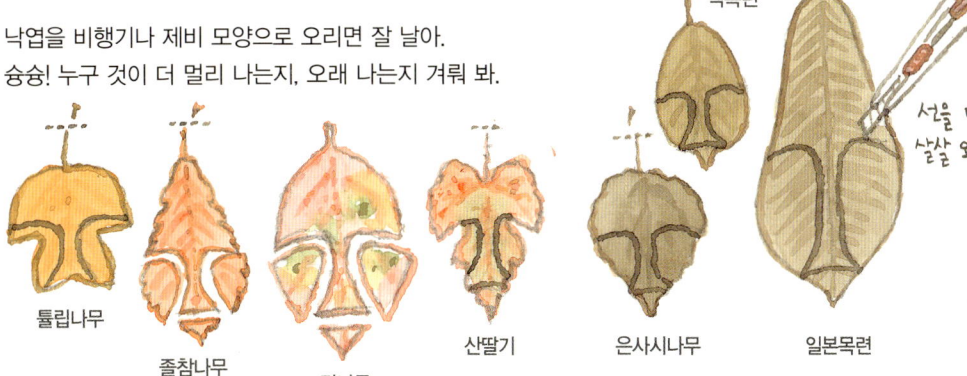

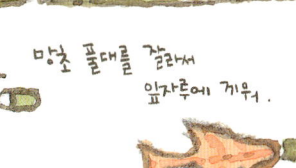

낙엽 동물 만들기

① 은행잎을 선을 따라 오려.

② 구멍을 뚫어.

③ 잎자루를 구멍에 끼우고 눈을 그려.

① 수수꽃다리 잎을 선을 따라 오려.

② 구멍을 뚫고 잎자루를 끼우고 눈을 그려.

③ 나뭇가지에다 끼워.

양버즘나무 잎을 선을 따라 오린 다음 구멍을 파고 잎자루를 끼워.

여물여물 열매
풀풀풀 풀씨
신나는 가을 놀이터

가을이 깊어 가면 갈수록
열매는 단단해지고 풀씨는 가벼워져.
여물 대로 여물어 튀어 나갈 채비를 마친
괭이밥, 물봉선, 살갈퀴 열매.
뾰족한 바늘로 가볍게 붙어 갈 채비를 마친
도깨비바늘, 도꼬마리 열매.
여물여물 열매랑 여물게 놀고
풀풀풀 풀씨랑 폴싹폴싹 노니
가을은 가장 신나는 우리들 놀이터!

도깨비바늘, 도꼬마리 열매 맞히기

도깨비바늘, 도꼬마리, 미국가막사리 열매,
삐죽삐죽 도깨비방망이 같기도 하고
뿔 난 괴물 같기도 해.
"동무들아, 열매를 똑같이 나눠서
옷에다 맞히기 놀이 하자!"
"아이고, 맞으면 따가울 거 같다.
빨리 도망가자!"

도꼬마리 열매

자른 면

큰도꼬마리 열매

벌어지지 않은
도깨비바늘 열매

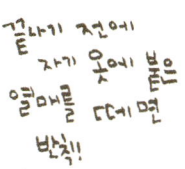
벌어지지 않은
미국가막사리 열매

열매 안에
씨앗 두 개.

진득찰 열매
끈적끈적해.

도깨비바늘 열매

끝나기 전에
자기 옷에 붙은
열매를 떼면
반칙!

미국가막사리 열매

개갓냉이

씨앗 튕기기

길로 길로 가다가 개갓냉이, 괭이밥, 살갈퀴,
숲으로 숲으로 가다가 물봉선을 건드리면
꼬투리에서 작은 씨앗들이 톡! 토톡! 톡톡톡!
막대기로 건드리니까 이리저리 튕겨 나가!

괭이밥
물봉선

우아, 투두두둑
엄청 튕긴다!

쇠무릎 옷 꾸미기

미국가막사리, 쇠무릎, 도꼬마리!
까슬까슬 옷에 착착 잘 달라붙어.
"얘들아, 둘씩 짝지어서 옷 꾸미기 해 보자!"
"나는 옷에다 하트를 그려 봐야지."
"나는 못난이 얼굴을 그릴 테야."
"우와, 옷이 다른 옷처럼 바뀌었어!"

도꼬마리 열매

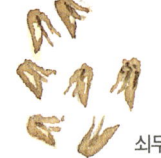
쇠무릎 열매

미국가막사리 열매

도꼬마리 낚시

나뭇가지에 실로 도꼬마리 열매를 매달아
낚싯대를 만들어.
땅바닥에 그린 원 안에서 살랑살랑 헤엄치는
강아지풀 이삭 물고기를 낚아 보자.

열매 붙이기

갈고리처럼 생긴 도꼬마리 열매 가시는
참 단단하기도 하지.
도꼬마리 열매 얼기설기 대롱대롱 잘도 붙는다.

과녁 맞히기

"얘들아, 조금 더 어렵게 맞히기 놀이 해 볼까?"
부직포나 천에 과녁을 그려서 나무줄기에 붙여.
"와, 꼭 활 쏘는 거 같겠다!"
"나는 한가운데 10에다 맞히겠어! 하나, 둘, 셋!"
"잉, 도깨비바늘 열매가
과녁에 붙으려다 떨어졌어!"
"야호, 내가 10점 맞혔지롱!"

과녁이 없으면
술래를 뽑아서
등을 맞혀.

풀씨 모으기

개미처럼 발발발 풀씨를 모아 볼까?
새처럼 콕콕콕 풀씨를 모아 볼까?
동글동글 풀씨, 나풀나풀 풀씨, 바삭바삭 풀씨!
많이 많이 모아서 푸짐한 가을 밥상 차려야지.

풀씨 받기 만들기

풀씨 받기를 만들면 풀씨 모으기가 쉬워.

① 과자 상자를 점선대로 잘라.
② 밑면에 나무젓가락을 붙여서 손잡이를 만들어.

개여뀌, 명아주는 이삭을 손으로 훑어서 풀씨 받기에 받아.

달맞이꽃, 배초향은 탈탈 털어.

반을 자른 편지 봉투에 풀씨를 넣어.

풀씨 소꿉놀이

빨긋빨긋 개여뀌 꽃밥,
오독오독 배초향 풀씨 반찬!
예쁜 가을 밥상, 고소한 가을 밥상!

나뭇잎 그릇이나 도토리깍정이 그릇에 풀씨를 담아서 밥상을 차려.

나뭇잎 그릇 만들기

① 나뭇잎 끝을 잘라.   ② 엇갈려 접어서 풀대로 꿰어.

③ 꽃잎으로 꾸미면 더 멋져.

수크령 금강아지풀 강아지풀 가을강아지풀 바랭이 왕바랭이

강아지풀 겨루기

싹싹싹 쓱쓱쓱 쓸어라, 쓸어!
강아지풀 애벌레가 빨리빨리 기어가게.
풀대로 부지런히 쓸어라!
"에고, 빨리 쓴다고
빨리 가는 게 아니네!"

① 바닥에 책을 놓고 한쪽 끝에 강아지풀 이삭을 나란히 올려.

② 풀대로 쓸어서 반대편까지 기어가게 해. 책에서 먼저 떨어지면 이겨.

수크령, 강아지풀 왕관

수크령 풀대로 엮은 머리띠에 수크령, 강아지풀,
억새, 바랭이 이삭을 끼우면 멋진 왕관!
모두들 왕관 하나씩 쓰고는 요리 뽐내고 조리 뽐내.
"동무들아, 누구 왕관이 가장 멋지니?"

① 수크령 풀대 아홉 가닥을 길게 자르고 이삭은 끊어 내.

② 끝을 묶고 세 가닥씩 머리 땋듯이 엮어.

③ 머리 크기에 맞춰 양쪽 끝을 묶어서 머리띠를 만들어.

④ 이삭을 잘라서 머리띠에 꽂으면 멋진 왕관!

수크령, 강아지풀 수염

"에헴! 에헴!"
수크령 이삭을 반으로 가르면
수크령 할아버지!
강아지풀 이삭을 반으로 가르면
강아지풀 할아버지!

강아지풀 애벌레

강아지 꼬리 모양 강아지풀!
털 부숭부숭 강아지풀!
풀대를 잘라 내면 털북숭이 애벌레!
강아지풀 애벌레가 꿈틀꿈틀!

강아지풀 이삭을
손에 쥐고 잼잼 하면
강아지풀 애벌레가
살살살 기어 나와.

강아지풀 이삭을
주먹에 올리고 잼잼 하면
애벌레가 슬금슬금 기어가.

가운뎃손가락과
넷째 손가락, 손바닥 사이에
강아지풀 이삭을 놓고
두 손가락을 떼었다 붙였다 해.
강아지풀 애벌레가
손가락을 타고
굼실굼실 기어올라.

바랭이 씨름

① 바랭이나 왕바랭이
   이삭 끝을
   반듯하게 잘라.

② 두 개를 잘 다듬어서
   바로 세워.

③ 넓적한 종이 상자에
   원을 그려.
④ 바랭이 두 개를 원 안에 세우고
   손가락으로 상자를 두드려서
   다른 사람 바랭이를 원 밖으로
   밀어내거나 쓰러뜨려.

누구 애벌레가 빨리 기어가나 겨뤄 봐.
가장 먼저 손에서 떨어지면 이겨.
손을 기울여서 떨어지게 하면 반칙이야.

들깨풀 허수아비

들깨풀 허수아비가 손가락 위에서 까딱까딱!
코끝에서 갸우뚱갸우뚱!
"안녕하세요!" 까딱! "반갑습니다!" 갸우뚱!
허수아비도 웃고 우리도 웃네.

① 들깨풀을 점선대로 잘라.

② 낙엽에 얼굴을 그리고 오린 다음 잘라 낸 들깨풀에 끼워.

③ 손가락 끝에 세우고 균형을 잡아.

억새 부엉이

털 부숭부숭 억새 부엉이가 부헝부헝!
밥 해 먹자, 부헝! 떡 해 먹자, 부헝!
폭신폭신 억새 털옷이 폴싹폴싹
댕그란 도토리 눈알이 반짝반짝!

① 억새 서너 포기를 끈으로 묶어.

② 이삭을 아래로 내려 묶어서 부엉이 머리를 만들어.

③ 몸통이 될 이삭 예닐곱 포기를 머리에 덧대서 묶어.

④ 이삭을 아래로 내려서 머리보다 크게 묶고 안 묶인 이삭은 잘라 내.

⑤ 낙엽을 머리에 꽂아 귀를 만들고 도토리나 깍정이를 끼워서 눈을 만들어.

덜 여문 이삭으로 만드는 게 좋아. 만들 때 씨앗이 떨어지지도 않고 며칠 지나면 씨앗이 여물어서 포실포실해져.

망초 창던지기

길쭉길쭉 자란 망초!
쏙쏙쏙 뽑아서
휘익 휘익 창던지기를 해 보자.
멀리멀리 던져 보자.

망초 풀대 꽃다발

망초 줄기 속이 스펀지처럼 폭신폭신해.
망초 줄기에다 꽃도 꽂고 열매도 꽂아야지.

제비꽃 열매 쌀밥 보리밥

참말 제비꽃 열매에
쌀밥, 보리밥이 들어 있을까?
벌어지지 않은 제비꽃 풋열매를 찾아봐.
"여기 있다! 여기!"
"제비꽃 열매가 하야니까 나는 쌀밥!"
"그래, 그럼 난 보리밥 할래!"

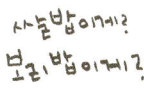

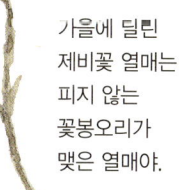

가을에 딜린
제비꽃 열매는
피지 않는
꽃봉오리가
맺은 열매야.

미국자리공 열매로 몸 꾸미기

탱글탱글 미국자리공 열매를 톡 터뜨리면
예쁜 자줏빛 물감이 촤르르르!
손톱에도 싹싹싹 바르고 얼굴에도 톡톡톡 바르면
야옹야옹 고양이 얼굴, 점점점 점돌이 얼굴,
볼 빨간 수줍은 얼굴!

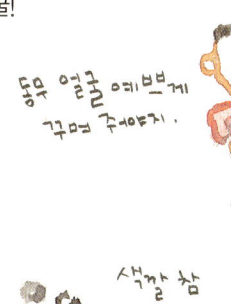

미국자리공 열매로 그림 그리기

미국자리공 열매 물감은 진하기도 진하다.
풀대를 잘라서 풀대 펜 만들어 톡톡 찍어서 쓱싹쓱싹!
잠자리가 윙윙윙! 나비가 팔랑팔랑! 꽃들이 방긋방긋!

풀대를 비스듬히 자르면 풀대 펜!

① 미국자리공 열매를 나뭇가지로 콩콩 찧어서 물감을 만들어.

② 풀대 펜으로 물감을 찍어서 그림을 그려.

풀씨 그림 그리기

풀씨로 그림을 그리면 짜잔! 멋진 그림이 나와!

① 연필로 종이에 토끼를 그려.

② 토끼 눈에 물풀을 바르고 달맞이꽃 씨앗을 뿌린 뒤 털어 내.

③ 입에 물풀을 바르고 개여뀌 씨앗을 뿌리고 털어 내.

④ 나머지 얼굴에 물풀을 바르고 억새 씨앗을 뿌려서 잘 누른 다음 털면 완성!

풀대 도장 찍기

바삭바삭 단단한 풀대를 잘라
모양 찍기 놀이 해 볼까?
들깨풀 풀대는 네모난 모양,
망초 풀대는 동그라미 모양!
자른 풀대 모양이 다 다르다, 다 달라!
자른 풀대를 요리 꾹 조리 꾹 찍었더니
멋진 그림이 쏙쏙!

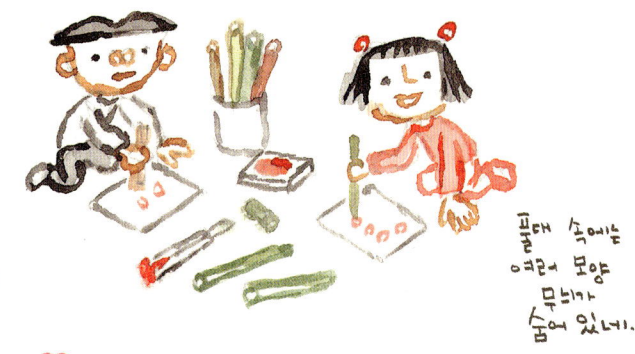

풀대 속에는
여러 모양
무늬가
숨어 있네.

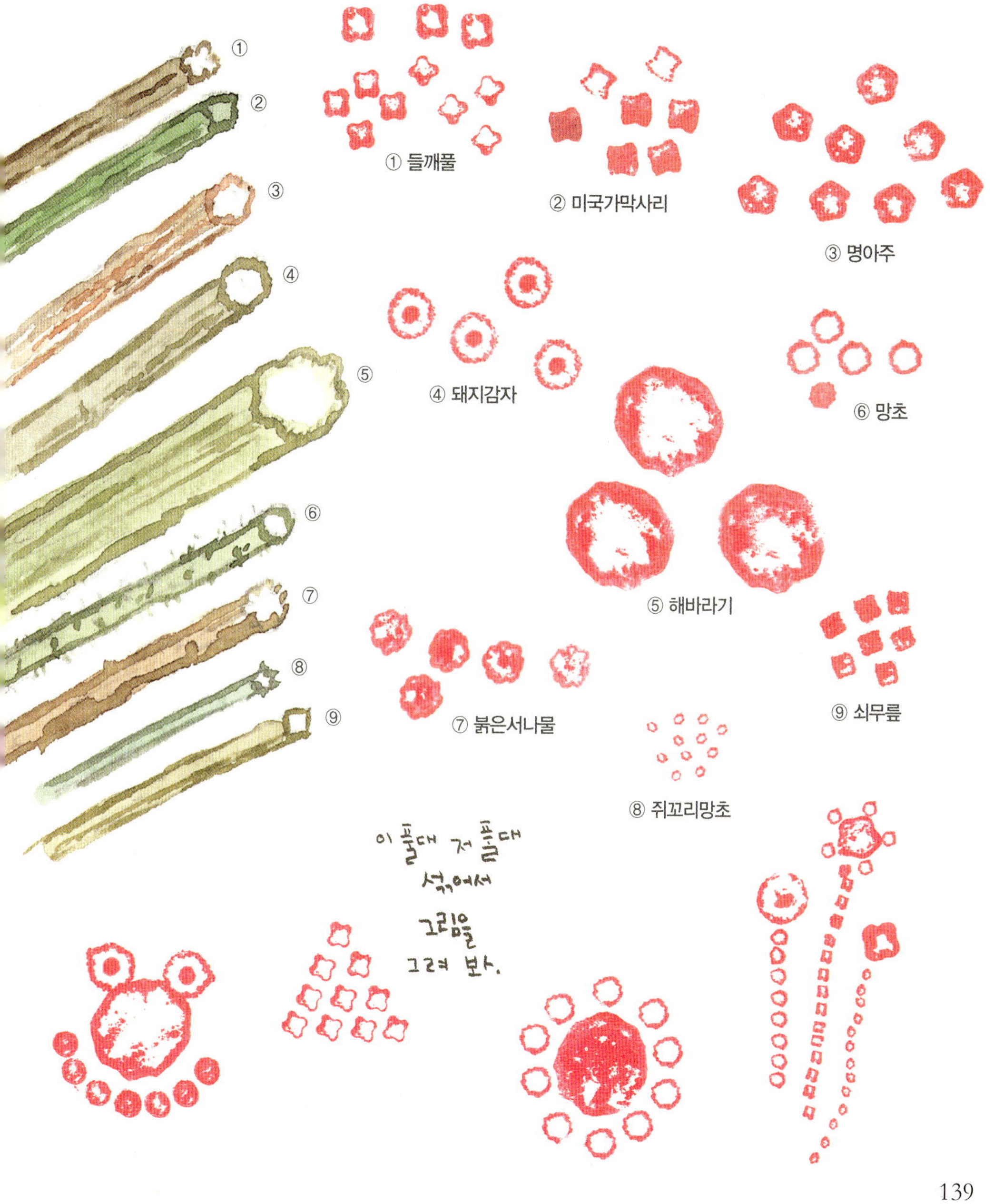
①
②
③
④
⑤
⑥
⑦
⑧
⑨
① 들깨풀
② 미국가막사리
③ 명아주
④ 돼지감자
⑥ 망초
⑤ 해바라기
⑦ 붉은서나물
⑨ 쇠무릎
⑧ 쥐꼬리망초
이 풀대 저 풀대
섞어서
그림을
그려 봐.

댕글댕글 가을 열매 별처럼 반짝반짝

댕글댕글 작살나무 열매,
땡글땡글 청미래덩굴 열매,
빨긋빨긋 마가목 열매,
거뭇거뭇 쥐똥나무 열매.
조롱조롱 달려 탱글탱글 여무는 열매.
숲속 동물들한테는 오독오독 맛있는 열매.
자연이 준 선물 열매 열매 가을 열매.
별처럼 영롱하게 반짝반짝!

찔레

마가목

아그배나무
꽃사과
산사나무
팥배나무
가막살나무
산수유
칠엽수
남천
청미래덩굴
가시칠엽수 (마로니에)
누리장나무
목련
작살나무
쥐똥나무
개머루
노박덩굴
좀작살나무

회양목 / 벌어지면 부엉이 세 마리

쪽동백

모감주나무

메타세쿼이아 / 물오리나무 / 오리나무 / 등나무

모아라, 열매!

빨간 열매, 까만 열매.
동그란 열매, 뾰죽한 열매.
매끈한 열매, 까슬한 열매.
말랑한 열매, 딱딱한 열매.
열매 열매, 참말 재미난 열매!
"색색깔 가을 열매 어쩜 이리 이쁘니!"

페트병으로 열매 물 통을 만들어야지.

까만 쥐똥나무 열매. 빨간 찔레 열매.

열매 던져 넣기

도토리, 솔방울, 칠엽수 열매, 물오리나무 열매,
메타세쿼이아 열매, 무런 열매들이 휘익 휘익 날아가.
얍! 얍! 얍! 누가 잘 맞출까? 누가 잘 넣을까?

과녁에 넣기
땅에 과녁을 그리고 점수를 적어.
차례대로 열매를 던져.
점수가 가장 높은 사람이 이겨.

구멍에 넣기
땅에 구멍을 파고
한 사람마다 열매를 열 개씩 던져.
구멍에 가장 많이 넣은 사람이 이겨.

달걀판에 넣기
땅에 달걀판을 놔두고
열매를 던져.
달걀판 구멍에 열매를
가장 많이 넣거나
구멍마다 점수를 달리해서
점수가 가장 높으면 이겨.

조심해! 가운데는 꼬챙이야!

여러 가지 도토리

- 신갈나무
- 도토리
- 깍정이
- 떡갈나무
- 상수리나무
- 굴참나무
- 졸참나무
- 갈참나무
- 대왕참나무

멧돼지와 도토리 놀이

멧돼지야 멧돼지야, 도토리를 찾아라 찾아!
맛난 도토리가 누구한테 있을까?
"꿀꿀 배고픈 멧돼지가 잘 찾겠지."
"킁킁 냄새 잘 맡는 멧돼지가 잘 찾을걸."

① 도토리 두 개를 준비해서 둥그렇게 원을
 만들고 술래를 뽑아.
② 술래는 멧돼지가 되어 원 안에 들어가서
 눈을 감고 정해 놓은 수를 세.
③ 그동안 다른 사람들은 두 손을 앞으로 내밀고
 도토리를 옆 사람한테 돌려.
 방향이나 빠르기는 돌리는 사람 마음대로 해.

④ 술래가 수를 다 세면 도토리 돌리기를 멈춰.
 술래는 도토리를 들고 있을 것 같은 사람 앞에서
 "꿀꿀!" 외쳐.
⑤ 술래가 알아맞히면 그 사람이 술래가 되어
 놀이를 계속해.
⑥ 술래가 두 번 해서도 못 알아맞히면
 계속 술래야. ①부터 다시 해.

사람이 너무 많아서 술래가 도토리를
찾기 힘들면 도토리 수를 더 늘려.
술래가 도토리를 찾으러 다닐 때, 동무들이
콧노래를 불러 줘. 술래가 도토리 가까이 가면
소리를 크게 하고, 멀어지면 작게 해서
술래가 도토리 찾는 것을 도와줘.

도토리 구슬치기

탱글탱글 상수리나무랑 굴참나무 도토리!
"동글동글하니까 잘 구르겠다."
"도토리 구슬치기 한판 신나게 해 볼까!"
"와, 또르르 구슬처럼 잘도 구르네."

① 땅에다 삼각형을 그리고
   서너 걸음 떨어진 곳에 금을 그어.
② 저마다 같은 개수 도토리를 삼각형 안에 넣어.
③ 삼각형에서 금 쪽으로 도토리를 던져서
   금에 가장 가까이 던진 사람 순으로 차례를 정해.
④ 금 밖에서 삼각형 쪽으로 도토리를 던져.
   도토리에 맞아서 삼각형 밖으로 튕겨 나오는 도토리를 따먹어.
⑤ 도토리를 따먹으면 더 하고 못 따먹으면 다음 사람이 해.

도토리 구슬 넣기

① 나무 막대기로 땅에 세 걸음 간격으로 구멍 네 개를 파.
   구멍에 발뒤꿈치를 넣고 돌려서 오목하게 만들어.
② 가운데 구멍에서 앞 구멍 쪽으로 도토리를 던져.
   구멍 가까이 도토리가 놓인 사람부터 먼저 해.
③ 가운데 구멍→오른쪽 구멍→가운데 구멍→앞 구멍→
   가운데 구멍→왼쪽 구멍→가운데 구멍 순서로
   도토리를 던져 넣어.
④ 도토리가 구멍에 들어가면 계속하고,
   안 들어가면 도토리를 그 자리에 그대로 둬.
   다음 사람이 한 다음, 다시 차례가 돌아오면
   도토리가 있던 자리에서 다시 시작해.
⑤ 가장 먼저 한 바퀴를 도는 사람이 이겨.

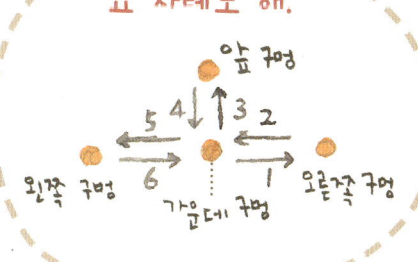

도토리깍정이 쌓기

넓죽넓죽 도토리깍정이를 높이높이 쌓아 볼까?
판판하고 넓죽한 신갈나무 깍정이가 딱 좋아!
흔들흔들 휘청휘청! 조심조심 높다랗게 쌓아 보자.

칠엽수 열매 껍질 윷놀이

칠엽수 열매 껍질 네 조각으로 무엇을 할까?
"오호, 껍질 네 조각으로 윷놀이하면 재미나겠다."
"밤 쭉정이 큰 것을 골라서 해도 재미나겠는데?"
땅에다 윷판을 그리고 말은 도토리로!
모요! 윷이요! 걸이요! 개요! 도요! 에구구 백도네!

밤 쭉정이

칠엽수 열매 껍질

깍정이 쭉정이 장승

도토리깍정이, 밤 쭉정이 가운데 큰 것만
골라! 사인펜으로 올통볼통 심통 난 얼굴,
띠옹띠옹 멍텅구리 얼굴을 그려.
숟가락 만드는 것처럼 나뭇가지를 끼워서
구멍 낸 나무토막에 끼우면, 장승이다, 장승!

나무토막에 구멍을 낼 때는 어른 도움을 받아서
전기 드릴로 뚫어. 우드락에 세워도 돼.

깍정이 손가락 인형

손가락에 사인펜으로
눈, 코, 입을 그리고
도토리깍정이를 쏘옥!
모자 쓴 아저씨
긴 머리 아가씨
다 달라서 멋지다!

도토리 팽이

돈다 돌아, 팽글팽글 도토리 팽이!
동글동글 동그란 상수리나무,
굴참나무 도토리가 잘도 돈다.

도토리 가운데에다 똑바로 곧게
끼워야 잘 돌아.

① 송곳으로 도토리에 구멍을 뚫어.

② 이쑤시개를 구멍에 끼우고 잡아서 돌리기 좋게 잘라.

다람쥐 밥상

도토리깍정이 그릇이나 칠엽수 열매 껍질 그릇에
알록달록 열매랑 나풀나풀 풀씨를 담아서
아기자기 다람쥐 밥상을 차려.
숲속 사는 다람쥐가
쪼르르 뽀르르 달려와 냠냠냠!

상수리나무 깍정이

신갈나무 깍정이

갈참나무 깍정이

졸참나무 깍정이

밑을 평평하게 잘라.

숟가락 만들기

끝을 자르고 나뭇가지를 끼워.

밤 쭉정이

칠엽수 열매 껍질

도토리깍정이

개여뀌랑 강아지풀도 담아야지.

숲밭 다람쥐가 와서 먹을까?

빨간 찔레 열매도 맛날 거야.

도토리깍정이와 칠엽수 열매 껍질에
송곳으로 구멍을 뚫고 가는 나뭇가지를 끼워

가을밤 별자리 관찰

별 하나 콩콩 별 하나 쌕쌕
별 둘 콩콩 별 둘 쌕쌕
별 셋 콩콩 별 셋 쌕쌕…….
별 하나 따서 행주 닦아
대문에 걸어 둘까.
별 둘 따서 올고록 졸고록 엮어서
엄마 갖다 줄까.
별 하나 뚝딱 종지에 담아
솥 안에 넣어 열고 닫고
얼그럭덜그럭…….
가을밤 하늘에 별이 총총.
"얘들아, 가을 별자리
페가수스자리를 찾아보자."
"저기, 저기! 별 네 개가 페가수스자리다."
"하늘 위에서 페가수스가
따가닥따가닥 달리는 것 같아."
가을밤 하늘에 별이 흐른다.
별 따라 가을도 흘러간다.

페르세우스 이야기

에티오피아 왕 케페우스한테는 아내 카시오페이아가
있었네. 왕비 카시오페이아는 자기가 요정보다
아름답다고 늘 뽐냈다네. 화가 난 바다 요정은
바다 신 포세이돈한테 혼내 달라 부탁했네.
포세이돈은 에티오피아로 고래 괴물을 보내 괴롭혔다네.
케페우스 왕은 고래 괴물을 달래려
딸 안드로메다 공주를 재물로 바치려 했네.
그때 마침 페르세우스가 메두사를 물리치고
하늘을 날아 돌아가고 있었네.
페르세우스는 바위에 산 채로 묶인 안드로메다 공주를
보았다네. 페르세우스는 보기만 해도 돌이 되는
메두사 얼굴을 고래 괴물이 보게 했다네.
고래 괴물은 그만 돌이 되고 말았네.
 포세이돈이 메두사 머리에서 떨어진 핏방울로
   하늘을 나는 말 페가수스를 만들었다네.
     페르세우스는 안드로메다 공주를 구해서
       아내로 맞이했네.
        케페우스 왕과 카시오페이아 왕비,
         페르세우스와 안드로메다 공주,
          고래 괴물과 페가수스는
            모두 하늘에 올라가
              별자리가 되었다네.

은하수

페가수스자리

견우별

독수리자리

물병자리

포말하우트   염소자리

남쪽물고기자리

서

씩씩한 겨울 놀이터

눈이 펑펑 얼음이 꽁꽁 겨울이 좋아!

펑펑펑 눈 오는 겨울,
꽁꽁꽁 얼음 어는 겨울.
눈이 있어 겨울이 좋다.
얼음이 있어 겨울이 좋다.
눈 눈 눈집, 눈사람, 눈싸움.
겨울 추위 따위는 모른다 몰라.
얼음 얼음 얼음 거울, 얼음 축구.
겨울 추위 따위는 잊는다 잊어.
추울 때는 더 옹기종기 모여 놀고
추울 때는 더 즐겁게 뛰어놀아.
기나긴 겨울밤 별처럼
우리 마음도 맑고 밝게 빛난다.

눈송이 받아 먹기

하얀 눈이 펑펑 내리네.
"하얀 튀밥이 내리는 거 같아!"
탐스런 함박눈은 하얀 튀밥 닮은 눈.
"하얀 쌀알이 내리는 거 같아!"
흩뿌리는 싸라기눈은 쌀알 닮은 눈.
"얘들아, 눈송이 받아 먹자. 무슨 맛일까?"

눈 결정 보기

이게 참말 눈송이 모습일까?
반짝반짝 빛나는 별 같고 보석 같아.
돋보기로 보니까 눈 결정이 하나하나 다 달라.

두꺼운 골판지에
검정색 도화지나
천을 붙여서
눈을 받으면 잘 보여.

눈이불에 눕기

소복소복 쌓인 눈은 새하얀 눈이불.
눈이불 위에 누워 봐야지.
"아이, 폭신폭신해."
"어, 하늘로 둥둥 떠오르는 기분이야."
다리랑 팔을 옆으로 휘휘 저어서
눈천사를 만들자.

눈폭탄

"가위바위보!"
"우헤헤, 내가 이겼으니까
나무를 흔들어야지."
투둑 투두둑!
나뭇가지에 쌓인 눈 떨어진다.
"앗, 차가워!"

눈썰매

얘들아, 씽씽 쌩쌩 신나게 눈썰매 타자!
비닐 포대, 두꺼운 골판지, 커다란 대야,
플라스틱 통, 널빤지, 뭐든 좋아.
눈썰매 탈 만한 건 다 들고 모여라!

비닐 포대 속에
짚이나 신문지,
골판지 따위를 넣고
끈으로 묶어.

두꺼운 골판지 상자는
접어서 끈을 끼워.

눈싸움

눈송이를 잘 뭉쳐서 얍! 얍! 얍! 눈싸움하자.
요리조리 눈송이를 피해서 요리조리!

① 두 편으로 나눠.
② 금을 그은 다음, 두 편이 금을 사이에 두고 마주 봐.
③ "시작!" 하면 눈을 뭉쳐서 상대편한테 던져서 맞혀.
④ 눈덩이에 맞거나 금을 밟은 동무는 상대편으로 가야 해.
⑤ 동무들이 모두 한편으로 몰리면 끝!

눈발자국 그림

하얀 눈 위를 걸어가는 눈발자국.
뽀득뽀득 지나갔더니
넌출넌출 나뭇가지가 짠!
뽀드득뽀드득 지나갔더니
방긋방긋 하트 모양이 짠!
뽀득! 뽀드득!
커다란 눈발자국 그림!

눈사람 만들기

잘 뭉치는 폭신폭신한 눈, 안 뭉치는 푸슬푸슬한 눈.
포근한 날씨면 살짝 녹아 젖은 눈이라 잘 뭉치고
추운 날씨면 푸석푸석 마른 눈이라 안 뭉쳐.
"눈사람은 잘 뭉치는 젖은 눈으로 만들어야겠네!"

① 머리 크기만 하게 눈을 꽁꽁 뭉쳐.
② 눈뭉치를 눈 위에 굴려.
③ 큰 눈덩이가 될 때까지 계속계속 굴려.
④ 큰 눈덩이 위에 작은 눈덩이를 얹어. 두 눈덩이가 떨어지지 않게 눈덩이 사이에다 눈을 덧붙여. 솔방울, 돌멩이, 나뭇가지로 멋지게 꾸며.

눈인형

눈을 작게 뭉쳐서 귀여운 눈인형을 만들자.
열매, 낙엽, 솔잎 따위로 꾸몄더니
고양이가 야옹야옹, 강아지가 멍멍멍!

눈집 ① 젖은 눈으로 만들기

오늘 내린 눈은 꾹꾹 잘 뭉치는 젖은 눈이다!
눈벽돌을 찍어 쌓고 쌓아서 눈집을 만들자.
이글루 같은 커다랗고 커다란 눈집을 만들자.

눈집 ② 마른 눈으로 만들기

오늘 내린 눈은 푸슬푸슬 안 뭉치는 눈!
눈을 높다랗게 쌓고 쌓아서 눈집을 만들자.
산만큼이나 커다랗고 커다란 눈집을 만들자.

① 김치통 같은 네모난 통에 눈을 꾹꾹 다져 넣어.

② 눈집 만들 곳에다 원을 그리고 통을 엎어 탁탁 쳐서 눈벽돌을 꺼내. 층마다 원 둘레를 조금씩 줄여 가면서 쌓아.

① 눈을 높게 쌓아 올려. 눈이 자꾸 흘러내려도 톡톡 다지면서 크게 만들어.

③ 한 사람이 눈집에 들어가 눈벽돌을 받쳐 주면서 계속 쌓아 올려. 꽃삽으로 눈벽돌을 알맞은 크기로 잘라서 쌓아.

④ 눈벽돌 사이 틈을 눈으로 메우고, 꽃삽으로 구멍을 파서 들어가는 문을 만들어.

② 꽃삽으로 두드려서 단단히 다지고 굴을 파. 눈을 밖으로 파내면서 앞으로 쭉 굴을 파 들어가. 눈벽에 빛이 비칠 만큼 얇게 팠으면 멈추고 옆을 파.

눈 과녁 맞히기

눈을 뭉쳐서 벽에 과녁을 그리자.
눈에 젖은 자국이 남아서 과녁이 돼.
동그랗게 눈뭉치를 만들어서
과녁에다 휙! 휙! 휙!

③ 사방 눈벽에 빛이 환하게 비칠 만큼 파면 눈집 완성! 눈집 바닥에 돗자리를 깔고 들어가.

고드름 놀이

지붕 위 눈이 녹아서 녹아서
고드름 고드름, 기다란 고드름, 뾰족한 고드름!
고드름 똑 따서 재미나게 놀아 보자.

고드름이 부러지지 않게 살살 따.   후룹후룹! 빠삭빠삭!   팟! 팟! 팟! 고드름 칼싸움!
누가 딴 고드름이 더 길까?   고드름은 어떤 맛일까?   고드름을 맞부딪혀 부러뜨려.
                                                             길게 남은 사람이 이겨.

눈낚시

대롱대롱 눈낚시, 재미난 눈낚시!
눈이 소복하게 쌓인 곳에서
낚싯대를 내렸다 올렸다 눈낚시를 살살살.
실에다 나무토막을 매달아 만든 낚싯대.
눈낚시에 무엇이 낚일까?
눈이 눈이 낚이지!
누가 누가 커다란 눈을 낚을까?

얼음 놀이

크고 작은 그릇에 물을 담아서 밤새 밖에서 꽝꽝 얼려.
커다란 대야에서 꺼낸 얼음 거울,
"히, 우리 모습 어때?"
얼음 조각 밟으면 미끄덩미끄덩 얼음 미끄럼,
"우아아, 미끄러워!"
얼음 조각 공으로 얼음 축구,
"공이 씽씽 잘도 나간다!"

분다, 분다, 바람 분다! 멀리멀리 날아라!

날개 달린 씨

오동나무
비늘 조각
자작나무
찰피나무
마

분다 분다, 바람 분다.
날개 달린 씨, 털 달린 씨.
난다 난다, 씨가 날아.
종이 씨도 난다 날아.
빙그르르 핑그르르
바람 타고 잘도 난다.
분다 분다, 바람 분다.
귀여운 종이 연, 날쌘 비닐 연.
난다 난다, 연이 날아.
가오리연도 난다 날아.
펄럭펄럭 휘얼휘얼 바람 타고 잘도 난다.
불어라 불어라, 바람, 재미난 동무 바람.

서어나무
튤립나무
호장근
복자기
신나무
중국단풍
단풍나무

털 달린 씨

붉은서나물, 박주가리, 사위질빵, 왕고들빼기, 서양민들레, 망초, 억새

씨 날리기

바람이 부는 날은 씨 날리기 좋은 날.
"동무들아, 높은 데로 올라가자!"
날개 달린 씨가 빙그르르 핑그르르.
털 달린 씨가 동동동 둥둥둥.
바람 따라 멀리멀리 날아라!

가중나무, 참느릅나무, 비늘 조각, 전나무, 일본잎갈나무, 소나무

종이 가중나무 씨 날리기

종이로 씨 모양을 만들었더니
우와, 진짜 씨처럼 잘도 난다, 잘도 날아!

종이 단풍나무 씨

단풍나무 씨

헬리콥터처럼 빙글빙글 돌아.

가중나무 씨

종이를 긴 네모로 잘라서 날려.
길이랑 폭을 다르게 해 봐.

① 종이를 기다랗게 잘라.

② 한쪽 끝은 반으로 자르고 반대쪽은 돌돌 말아.
③ 반으로 자른 것을 벌려.

종이 마 씨

행글라이더처럼 슈웅 날아.

마 씨

① 색종이를 넷으로 나눠서 한쪽을 접어.

② 또 한쪽을 접어.

③ 뒤집어서 세로로 살짝 접어.

세 날개 헬리콥터

① 색종이를 1.5센티미터 폭으로 세 개 잘라.

② 세 개를 하나하나 반으로 접어서 삼각형으로 엮어.

③ 세 날개를 꽉 조여.

종이 씨 멀리 날리기

슈웅슈웅 사르륵사르륵!
"종이 마 씨가 미끄러지듯 잘도 날아!"
누구 종이 씨가 가장 멀리 날아갔니?

높은 데서 날려야 멀리 날아가.

색종이 연 ①

    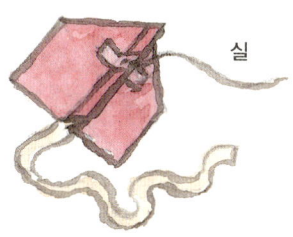

① 색종이 위 양쪽 모서리가 가운데에 오게 딱 맞춰 접어.
② 세로로 반을 접어.
③ 평평하게 양쪽을 점선대로 접어.
④ 가운데 선 위에 접착테이프를 붙여.
⑤ 접착테이프 붙인 데다 구멍을 뚫고 실을 끼워 묶어. 신문지를 길게 잘라서 붙여.

색종이 연 ②

① 색종이를 대각선으로 접어.
② 접은 색종이를 점선대로 다시 접어 올려.
③ 펼쳐서 접힌 데를 세워.
④ ③에 다른 색종이를 점선만큼 겹치게 붙여.

⑤ ④의 세로 길이에 맞춰서 종이를 자르고 점선대로 세워서 접어.
⑥ ④를 뒤집어 ⑤를 가운데에 맞춰서 풀로 붙이고는 위와 가운데에다 접착테이프를 붙여. 무늬를 오려 붙여도 돼.
⑦ 접착테이프 붙인 데다 구멍을 뚫고 실을 끼워서 묶어. 꼬리도 만들어 붙여.

쉬운 종이 연

① 복사 용지를 반으로 접어.
② 반을 다시 뒤로 반 접어.
③ 종이를 펼쳐서 접착테이프로 실을 꼭 붙여.

비닐봉지 연

① 비닐봉지 위를 잘라.

② 철사를 봉지 둘레보다 조금 길게 잘라서 끼워.

③ 봉지를 바깥으로 접어 철사를 감싼 뒤 접착테이프로 붙여.

④ 철사 끝을 꼬아서 아래로 꺾어 내려. 매직펜으로 그림을 그려.

⑤ 주둥이를 둥글게 벌리고 철사 끝부분에 있는 비닐도 마저 내려서 접착테이프로 붙여.

⑥ 양쪽에 실을 꿰어 묶어.

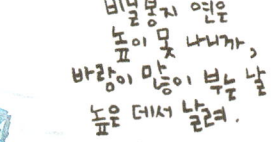

비닐봉지 연은 높이 못 나니까, 바람이 많이 부는 날 높은 데서 날려.

비닐 연

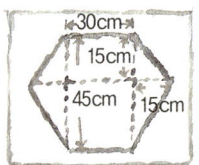   

① 종이에다 그림처럼 본을 그려.

② 비닐봉지 옆과 밑을 잘라 내.

③ 오린 비닐봉지를 잘 펴서 종이 본을 얹고 접착테이프로 붙여.

④ 자를 대고 칼로 종이 본을 따라 오려.

나무막대 또는 플라스틱 막대

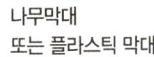

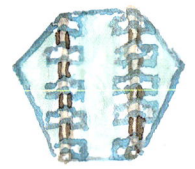

⑤ 접착테이프로 막대를 연에 붙여.

비닐 연에 실 매달기

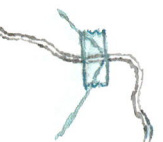 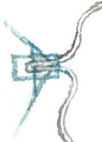  

그림과 같은 차례로 실을 접착테이프로 붙여서 묶어. 양쪽 날개에 모두 실을 달아.

실 고리   얼레 실

당겨서 조여.

실을 얼레실과 이어 주고 그림을 그려 꾸며 봐.

가오리연

바다에도 가오리, 하늘에도 가오리.
하늘을 나는 가오리는 살랑살랑 가오리연.
가오리연이 위아래로 끄덕끄덕, 꾸뻑꾸뻑
인사도 잘해 꼬빡연!

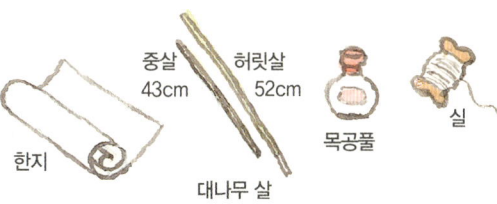

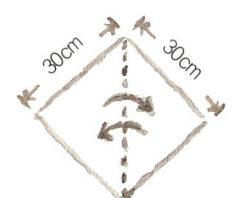

① 한지를 정사각형으로 자른 다음
대각선으로 접었다가 펴.

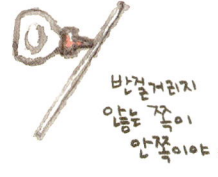

② 중살 안쪽에
목공풀을 발라.

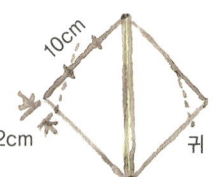

③ 반으로 접은 선에 맞춰서
중심을 꼭꼭 눌러 붙이고
양쪽 귀를 접었다가 펴.

④ 허릿살에
목공풀을 바르고
휘어서 붙여.

⑤ 양쪽 귀 끝에
목공풀을 발라
허릿살을 덮으며 붙여.

⑥ 마름모꼴로 종이를 오려서
중살과 허릿살을 덮으며 붙여.

⑦ 뒤집어서 그림을 그리고
꼬리를 붙여.

목줄 매기

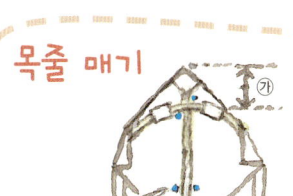

① 그림처럼 실을 꿸 구멍을 뚫어.
아랫구멍은 ㉮보다 2센티미터
위쪽에 나란히 두 개 뚫어.

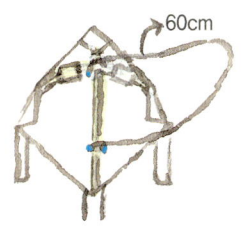

② 실 양끝을 위아래
구멍에다 묶어.

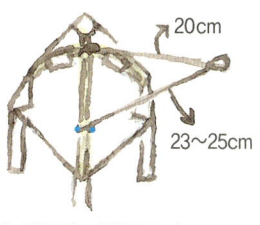

③ 윗줄을 아랫줄보다
짧게 묶어
실 고리를 만들어.

방패연

방패 닮은 방패연, 네모반듯 방패연.
방패처럼 튼튼한 방패연,
솔개처럼 잘 나는 방패연.
날아라, 방패연! 구름보다 더 멀리멀리!

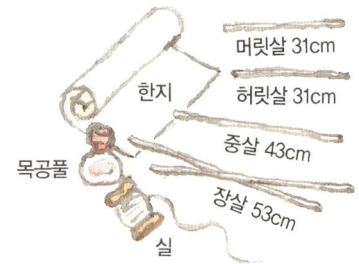

머릿살 31cm
허릿살 31cm
중살 43cm
장살 53cm
한지
목공풀
실

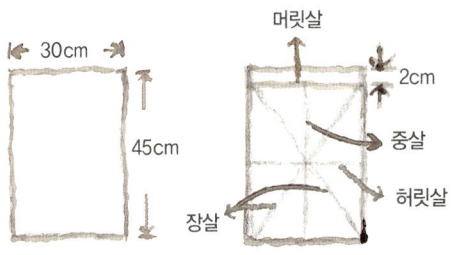

① 한지를 잘라.

② 위에 2센티미터 남기고 연필로 머릿살, 장살, 중살, 허릿살 자리를 그려.

③ 방구멍을 그리고 칼로 오려.

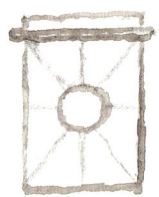

④ 머릿살에 목공풀을 바르고 꾹꾹 눌러 단단히 붙여. 마를 때까지 기다려.

⑤ 장살은 아래쪽에만 목공풀을 발라. 아래 귀에 맞춰 붙이고 꾹꾹 눌러.

⑥ 한지를 뒤집어 그림처럼 젖혀서 장살 윗부분 안쪽에다 목공풀을 발라. 그런 다음 한지를 꾹꾹 잘 눌러 붙여.

⑦ 아래 두 귀를 발로 밟고 위 두 귀를 화살표 방향으로 팽팽하게 잡아당겨. 다 마를 때까지 계속해.

머릿살과 만나는 부분에 목공풀을 발라.

⑧ 중살을 장살 밑으로 살 안쪽이 보이게 밀어 넣어. 목공풀을 발라 살을 뒤집어 꾹 눌러 붙이고, 중살 아래쪽을 위로 팽팽하게 밀어 올려.

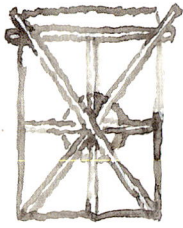

⑨ 허릿살을 중살 밑으로 밀어 넣어 목공풀을 바른 다음 뒤집어서 붙여.

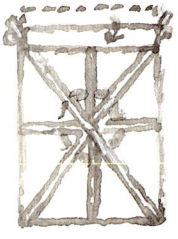

⑩ 위에 남긴 부분에 목공풀을 발라서 머릿살을 덮어 붙여.

⑪ 붓이나 매직펜으로 그림을 그려.

목줄 매기

길이가 120센티미터인 실 세 개를 준비해.

① 실 한 개를 두 겹으로 접어 연 위쪽 머릿살과 장살이 겹친 양쪽을 각도가 20도쯤 되게 당겨서 묶어.

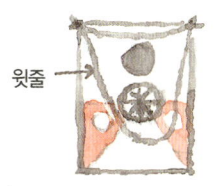

② 다른 실 한 개를 위쪽 두 귀에 묶어.

③ 중살을 넷으로 나눠 아래에서 첫 번째 자리에 살 양쪽으로 꽁숫구멍을 뚫어.

④ 나머지 실 한 개를 살이 모인 가운데에 묶고 한쪽 끝은 꽁숫구멍에 묶어.

⑤ 윗줄 두 개와 아랫줄은 같은 길이로 하고, 가운뎃줄은 조금 느슨하게 하나로 묶어.

꽁숫구멍은 연의 방구멍 위아래에 뚫어서 연줄을 꿰게 만든 작은 구멍이야.

연날리기

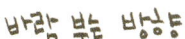

① 연을 잡고 있다가 슬며시 놓아 줘.

② 연줄을 바람 부는 방향으로 조금씩 풀면서 달려가.

페트병 얼레

작은 페트병   다 쓴 딱풀통 (25g짜리)

① 페트병에 뚜껑을 뺀 딱풀통을 끼우면 손잡이가 돼.

② 페트병에 실을 묶어.

③ 실을 친친 감아.

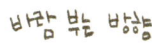

③ 연이 높이 떠오르면 바람을 등지고 서. 연줄이 팽팽하면 풀고 연줄이 느슨해지면 감아 줘.

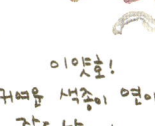

겨울 나뭇가지 숨은그림찾기

나뭇가지에 빼쭉빼쭉 조롱조롱 겨울눈.
털옷 입은 겨울눈은 따뜻하겠다.
"꽃눈은 통통하고 잎눈은 길쭉해."
잎이 진 나뭇가지에서
겨울눈을 찾아보자.
"우와, 돋보기로 보니까
잎이 떨어진 자리까지 볼 수 있어.
원숭이 얼굴, 웃는 얼굴, 모자 쓴 얼굴.
재미나다, 재미나."

여러 가지 겨울눈

등나무 칡 누리장나무 호두나무 가죽나무 아까시나무 물푸레나무 산딸기

나뭇가지 모으기

"나무꾼들 모여라!
나뭇가지 모으러 가자!"
가는 나뭇가지
굵은 나뭇가지
매끈매끈 나뭇가지
우툴두툴 나뭇가지
가지가지 모아서
신나게 놀자.

나뭇가지 손에 세우기

손바닥에서 나뭇가지가 흔들흔들 아슬아슬.
누구 나뭇가지가 오래 서 있을까?

나뭇가지로 모양 만들기

나뭇가지로 어떤 모양을 만들까?
나비도 훨훨 날고, 뿔 달린 사슴도 따각따각!
우와, 멋진 집 한 채도 뚝딱뚝딱!

나뭇가지 균형 잡기

길쭉한 나뭇가지가 손끝에서 흔들흔들.
숨을 멈추고 가면 안 떨어질까?
나뭇가지 균형 잡기 힘들고도 재밌네.

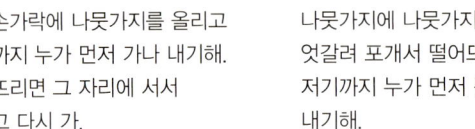

집게손가락에 나뭇가지를 올리고
저기까지 누가 먼저 가나 내기해.
떨어뜨리면 그 자리에 서서
올리고 다시 가.

나뭇가지에 나뭇가지를
엇갈려 포개서 떨어뜨리지 않고
저기까지 누가 먼저 갔다 오나
내기해.

나뭇가지를
누가 더 많이 얹을까
겨뤄 봐.

나뭇가지 잡기 시합

맨 아래부터 나뭇가지를
서로 번갈아 잡으면서
올라가다 더 잡을 데가
없으면 지는 거야.
기다란 나뭇가지
하나로 둘이서 셋이서
넷이서도 할 수 있어.

투호 놀이

나뭇가지 열 개를 모아 와.
차례대로 나뭇가지 열 개를 상자에 던져 넣어.
가장 많이 넣은 사람이 이겨.

상자가 없으면 땅에 원을 그리고 던져 넣어.
금에 걸린 나뭇가지도 들어간 걸로 쳐.

나뭇가지 세우기

하나 세우고 둘 세우고 셋 세우고……
"나뭇가지를 세우고 또 세우니까
꼭 움막 같아."
"그래그래, 생쥐 움막 같다."

두 편으로 나눠.
나뭇가지를 서로서로 기대서 세워.
나뭇가지를 먼저 모두 세운 편이 이겨.

산가지 놀이

나뭇가지를 많이 주워 와서 흩어 놔.
차례를 정하고 나뭇가지를 하나씩 가져가.
다른 나뭇가지 건드리지 않게 살살살!

나뭇가지 이름표

"개똥이네!"
"개똥이가 뭐냐! 나는 소똥이로 할란다."
"히히, 소똥이보다 개똥이가 이쁘다."
두꺼운 종이를 오린 다음 목공 본드로
나뭇가지 글자를 붙이면
멋진 이름표 완성!

가져갈 때 다른 나뭇가지를 건드려 움직이면
그대로 놓아두고 다음 사람한테 차례를 넘겨.
건드리지 않으면 떼어 낸 나뭇가지를 가져가고
계속할 수 있어. 많이 가져간 사람이 이겨.

자치기 놀이

어미자로 새끼자를 휘딱!
"새끼자야, 멀리멀리 날아가라!"
한 자, 두 자, 세 자, 네 자…….
"우와, 열다섯 자나 된다. 멀리도 날아갔다!"

① 굵기가 2센티미터쯤 되는 나뭇가지로
어미자(채)와 새끼자(알)를 만들어.
새끼자는 양쪽 끝을 비스듬히 잘라.

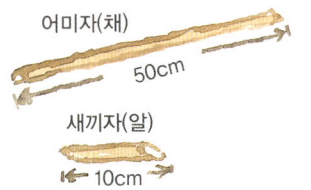

② 땅에 지름 50센티미터 원을 그리고
원 가운데 구멍을 파. 그러고는 원에서
3미터 떨어진 곳에다 금을 그어.
③ 몇 자 내기 할지 '끝내기 점수'를 미리 정해.
④ 두 편으로 나눠 공격과 수비를 정해.
⑤ 수비 편은 모두 금 밖에 서고
공격 편은 한 명씩 나와서 공격해.

⑥ 공격하는 사람이 구멍에 새끼자를 가로로 걸치고
어미자를 새끼자 밑에 대고 떠내듯이 새끼자를 들어서
힘껏 금 쪽으로 날려.
⑦ 수비가 새끼자를 받으면 공격한 사람은 죽어.
수비가 못 받아 땅에 떨어지면, 그 자리에서 수비 한 명이
새끼자를 원 안으로 던져 넣어.
1 새끼자가 구멍 안에 들어가면 공격하는 사람이 죽어.
2 원 안에 들어가면 공격하는 사람이 한 번 칠 수 있어.
3 원을 그린 금에 걸치면 두 번 칠 수 있어.
4 원 밖에 떨어지면 세 번 다 칠 수 있어.

⑧ 공격하는 사람이 살아서 칠 수 있게 되면, 새끼자가 떨어진 자리에서
어미자로 새끼자 끝을 쳐서 튀어 오르게 해.
튀어 오르는 새끼자를 어미자로 쳐서 멀리 날려 보내.
새끼자를 헛 쳐도 한 번 친 것으로 해.

⑨ 두 번, 세 번 칠 수 있으면 첫 번째 쳐서 날아간 곳에서
⑧처럼 쳐서 더 멀리 날려 보내.
⑩ 다 치고 나면 공격한 사람은 원에서 새끼자가 날아간 데까지
어미자를 기준으로 몇 자쯤 될지 어림잡고, 자 수를 크게 외쳐.

⑪ 수비는, 공격한 사람이 부른 자 수가 알맞은 것 같으면 "먹어라!",
더 높게 부른 것 같으면 "재 보자!" 해. "먹어라!" 하면
공격 편은 부른 자 수만큼 점수를 따고 다시 한 번 공격해.
"재 보자!" 하면 어미자로 재야 해.
재서 부른 자 수에 미치지 못하면 공격한 사람은 죽고,
넘으면 부른 자 수보다 점수가 곱으로 늘어.
⑫ 공격 편 세 명이 죽으면 공격과 수비를 바꿔.
끝내기 점수를 먼저 낸 편이 이겨.

새총 1 (열매 새총)

총총총 새총! 참말로 새 잡는 새총인가?
"우히히, 새는 무슨 새? 새가 너를 잡겠다!"
새총 새총! 새들한테 먹이를 쏘아 주는 새총!

나뭇가지 20cm

고무줄 1~2개

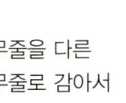
자루 달린 열매

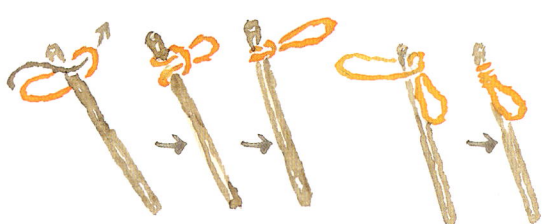

나뭇가지 끝에 고무줄을 걸어서 당기면 완성!

고무줄을 다른 고무줄로 감아서 묶어도 돼.

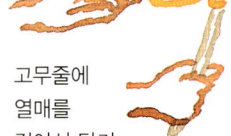

고무줄에 열매를 걸어서 당겨.

새총 2

나뭇가지 2개 20cm
나뭇가지 1개 10cm

청테이프

고무줄 9개

청테이프 15cm

① 20센티미터 나뭇가지 두 개를 고무줄로 감아서 묶은 다음 브이(V) 자로 벌려.

② 10센티미터 나뭇가지를 가로로 대고 두 끝을 고무줄로 묶어서 아래로 밀어서 내려.

③ 청테이프에 고무줄을 끼우고 붙여.

④ 고무줄을 한 개씩 더 이어.

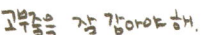

⑤ ④를 ② 두 끝에 다른 고무줄로 감아서 묶어.

열매를 쏠 때는 새총 위쪽을 아래로 내리면서 쏴.

새총 ③

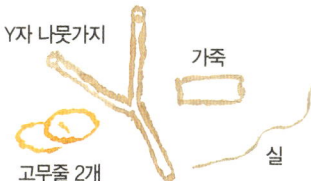
Y자 나뭇가지
가죽
고무줄 2개
실

④ 노랑 고무줄을 가죽에 꿰고 실로 단단하게 묶어.

① 벌어진 나뭇가지 두 쪽을 약한 불로 살짝 달구어서 안쪽으로 구부려.

② 고무줄이 빠지지 않게 양끝에 홈을 파.

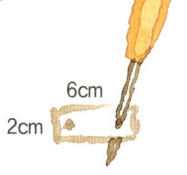
③ 가죽에 고무줄 끼울 구멍을 뚫어.

⑤ 가지 끝에 고무줄을 걸고 실로 꽁꽁 묶어.

사람을 향해 쏘면 안 돼!

배고픈 겨울새들한테 땅콩을 쏘아 줘야지.

나뭇가지 멀리 던지기

어떤 나뭇가지가 멀리 날아갈까?
잘 날아갈 것 같은 나뭇가지를 구해서
누가 더 멀리 던지는지 겨뤄 봐.

나뭇가지 창던지기

"맞힐까, 못 맞힐까?" 마음이 두근두근.
나뭇가지가 날아간다, 슈우웅!
나뭇가지 창던지기 재밌다, 슈우웅!
나뭇가지를 다섯 개씩 모아.
저기 앞에 있는 참나무를 맞혀 봐.
누가 가장 많이 맞히는지 겨뤄 봐.

나뭇가지 활

나뭇가지 화살이 슈웅슈웅, 멀리멀리 슈웅슈웅!
"어디까지 날아갈까?"
"오우, 저 멀리 바위까지 날아갔네!"

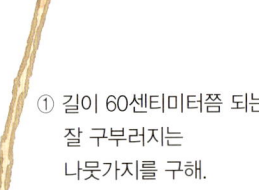

① 길이 60센티미터쯤 되는 잘 구부러지는 나뭇가지를 구해.

② 활줄이 미끄러지지 않게 활줄 묶을 데다 홈을 파.

③ 한쪽 홈에 노끈을 감아서 묶어.

④ 나뭇가지를 구부려서 다른 쪽 홈에도 팽팽하게 묶어.

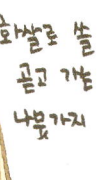

화살로 쓸 곧고 가는 나뭇가지

⑤ 활줄이 잘 걸리게 화살 끝을 파내.

⑥ 활대를 잡은 손 엄지손가락 위에 화살을 걸쳐.

⑦ 활줄에 건 화살 끝을 엄지손가락과 집게손가락으로 쥐고서 힘껏 활줄을 당겼다 놓으면서 쏴. 위험하니까 사람한테 쏘면 안 돼.

불붙이기

불붙일 때 필요한 것

활
길이 60cm쯤 되는 약간 휜 나뭇가지

활줄
질기고 열에 강한 끈. 나일론 끈은 비빌 때 열 때문에 녹아 버려.

축
굵기 1.5cm
길이 20cm
곧은 나뭇가지

나무판
두께 5cm
넓적한 판

손잡이
지름 4cm 나뭇가지를 두께 2cm로 잘라. 가운데에 축 끼울 자리를 파고 기름을 발라.

1. 땔감 쌓기

불 피우기 전에 미리 땔감을 쌓아 놓아야 해.

겉은 굵은 나뭇가지
가운데는 잔가지
속은 마른풀, 낙엽

잘 안 타는 나무는 칼집을 내면 잘 타.

불을 옮겨 붙일 아궁이를 열어 놓아야 해.

땔감으로 쓸 나뭇가지를 모아.

2. 나무판 홈 파기

축이 미끄러지지 않게 작은 구멍을 파.

쐐기 모양으로 홈을 파내. 밑면을 조금 넓게 파.

3. 활 비비기

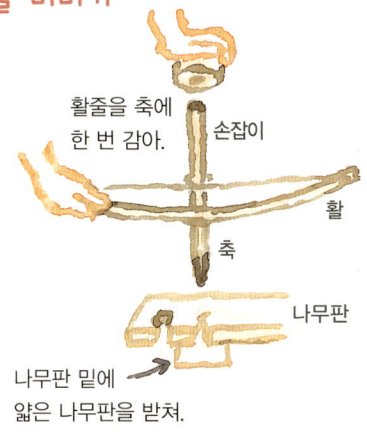

활줄을 축에 한 번 감아.

손잡이

활

축

나무판

나무판 밑에 얇은 나무판을 받쳐.

나무판을 발로 밟고 축을 수직으로 세워서 활을 앞뒤로 빠르게 비벼.

힘들면 둘이서 함께 활을 잡고 비벼.

4. 땔감에 불씨 옮기기

축
나무판

① 축과 나무판이 비벼지면 숯가루가 홈 밑에 쌓여.

② 숯가루에서 연기가 나면 밑판을 꺼내고 마른풀을 올려.

③ 밑을 살살 불면 폭! 하고 마른풀에 불이 붙어. 재빨리 땔감에 옮겨 붙여.

5. 땔감에 불붙이기

불을 땔감 아궁이 속 마른풀에 옮겨 붙여.

붙었다!

잔가지에 불이 붙으면 부채질을 해.

팅팅팅 통통통 깡통 들고 모여라!

깡통 깡통 흔한 깡통.
깡통 깡통 어디나 깡통.
팅팅팅 통통통 우리를 부르는 소리!
깡통이 부르네, 놀자고 부르네.
월워리 달 밝은 밤 깡통 불놀이 재미나고
부부부 호호호 깡통 피리 소리 흥겹네.
당겨라 당겨라, 깡통 화살 멀리 날고
굴려라 굴려라, 깡통 판화 멋지다네.
깡통 깡통 재미난 깡통.
팅팅팅 통통통 깡통 들고 모여라!

씽씽씽 힘차게 돌려.

다칠 수 있으니 둘레에 사람이 있는지 잘 살펴봐. 사람이 없을 때 돌려.

쥐불놀이

휘영청 달 밝은 정월 대보름.
달빛 아래 휘익휘익
불로 불로 커다란 원을 그리자.
힘차게 쌩쌩 돌리면 죽어 가던 불이 확 살아나.

불 깡통 만들기

 양철 깡통
 못 망치
 가는 철사 1m
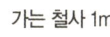

① 깡통 바닥에 구멍을 뚫어.

② 깡통 옆면에 구멍을 송송 뚫어. 나무 따위를 끼우면 찌그러지지 않아.

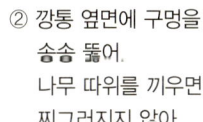
③ 깡통 옆면 위쪽에 철사 끼울 구멍을 뚫어.

④ 구멍에 철사를 끼우고 끝을 꼬아서 단단히 묶어.

⑤ 땔나무를 깡통 길이보다 짧게 쪼개서 깡통 안에 넣고 불씨가 있는 숯을 넣어.

깡통 말 타기

삐딱삐딱 빼딱빼딱!
마음은 따가닥따가닥 달리는데
깡통 말 타기가 쉽지 않아.
영차영차! 어느새 땀이 송송.

따각따각

깡통 말 타기 시합이다!

① 양철 깡통 아래쪽에 양쪽으로 구멍을 뚫어.

② 굵은 끈을 구멍에 끼워서 묶어. 끈이 허리까지 오게 길이를 맞춰.

③ 두 개를 만들어.

175

깡통 술래잡기

"야, 세게 멀리 차!"
깡통이 '깡!' 하고 휘익 날아가면
"빨리빨리 달아나자."
이리저리 피하고 요리조리 도망가.
"나 잡아 보시지롱!"
"얘들아, 나 좀 살려 줘!"
동무들아, 죽어도 걱정 마.
깡통을 멀리 '통!' 차서 금방 살려 줄 테니까.
"살았다, 살았어!"

① 가위바위보로 서너 명에 한 명 꼴로 술래를 뽑아.
② 땅에다 지름 2미터쯤 되는 원을 그리고
   원 안에 깡통을 세워. 그러고는 술래가 아닌 사람이
   깡통을 발로 멀리 차면 바로 시작.
③ 모두들 술래를 피해 달아나고, 술래는 얼른 깡통을 주워서
   원 안에다 갖다 놓고는 동무들을 잡으러 다녀.
④ 술래한테 잡히면 원 안에 한 발을 디딘 채 앉아.
⑤ 술래한테 안 잡힌 사람이 술래 몰래 원 안에 있는 깡통을
   밖으로 차 내면 앉아 있던 동무들이 다시 살아나.
   술래는 깡통을 주워서 원 안에다 갖다 놓고
   동무들을 잡으러 다녀.
⑥ 술래가 동무들을 모두 잡아야 끝나. 그러면 술래를 빼고
   가위바위보로 다시 술래를 뽑아.

깡통 숨바꼭질

"야, 세게 멀리 차! 그래야 숨을 시간이 있어."
숨을 시간이 모자라면 깡통을 몇 번 더 차도 돼.
"꼭꼭 숨어라 머리카락 보일라. 옷자락이 보일라."

① 가위바위보로 술래를 뽑아.
② 술래가 아닌 사람은 원 안에 세워 둔
   깡통을 멀리 찬 다음 숨어.

③ 술래는 눈을 감고 있다 뜬 뒤에
   깡통을 원 안에 얼른 가져다 놓고
   숨은 사람을 찾아.
   술래가 다 찾으면 끝!

④ 술래는 숨은 사람을 찾으면 "○○ 찾았다!" 외친 다음
   원 안 깡통을 발로 찍고 다시 동무들을 찾아.
⑤ 잡힌 사람은 원 안에다 한 발을 디딘 채 앉아.
   숨어 있던 사람이 몰래 와서 깡통을 원 밖으로 차 내면
   잡힌 사람들은 다시 도망가서 숨을 수 있어.

깡통 물고기 낚시

"아이, 깡통 물고기 귀여워.
상어도 있고 문어도 있어."
낚싯대를 탁 드리웠더니
낚싯대가 흔들흔들.
어떤 물고기를 낚아 볼까?
어디어디 고래는 없나?
"낚았다! 낚았어!"
"대롱대롱 문어 낚았지롱!"

① 크고 작은 여러 가지
   모양의 깡통을 준비해.

② 깡통 크기대로
   종이를 잘라서
   물고기를 그리고는
   깡통에 종이를 감고
   접착테이프로 붙여.

문어

낚싯대 만들기

나무 막대   실

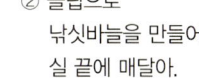
클립

① 나무 막대에
   접착테이프로
   실을 붙여.

② 클립으로
   낚싯바늘을 만들어
   실 끝에 매달아.

깡통 활 쏘기

알루미늄 깡통

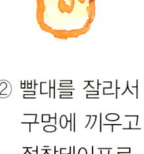
빨대

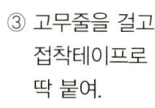
고무줄

① 송곳으로 구멍을 뚫고는 연필로 구멍을 넓혀.
② 빨대를 잘라서 구멍에 끼우고 접착테이프로 딱 붙여.
③ 고무줄을 걸고 접착테이프로 딱 붙여.

화살 만들기

꼬치 막대

도화지   색 접착테이프

① 칼로 홈을 파.
② 도화지로 날개를 만들어 접착테이프로 붙여.
③ 뾰족한 끝은 색 접착테이프로 감아 줘.

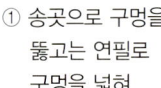
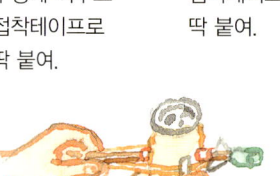

④ 화살을 빨대에 끼우고 고무줄을 화살 끝 홈에 걸어.
⑤ 화살 뒤쪽을 고무줄과 함께 잡아당겼다가 놓으면 화살이 날아가.

깡통 쓰러뜨리기

알록달록 색종이로 예쁘게 꾸민 깡통을 쪼로록 세워.
떼구르르 깡통 굴러간다, 비켜!
퉁! 투투퉁퉁퉁!
몇 개나 넘어뜨렸을까?

깡통을 세울 자리에 색 접착테이프를 붙여 놔.

깡통 피리 1

동무들아, 모여라! 우리는 깡통 음악대!
도레미파솔라시도! 후후 호호 부부 보보!
깡통에서 피리처럼 소리가 나.
삐약삐약 깡통 피리 불면서 동네 한 바퀴!

빨대

빨대 한 개를
깡통 윗면에
접착테이프로 붙여.

빨대 두 개,
세 개로도
만들 수 있어.

깡통 피리 2

높이가 다른 깡통 피리
세 개를 이어 붙여서
팬파이프를 만들어.

높이가 같은 깡통에다
물을 다른 양으로 넣고
불 수도 있어.

깡통 피리 불기

① 빨대 한쪽에 가위집을 내.
깡통 높이보다 조금 더 높은
자리여야 해.

② 깡통에 물을 붓고 빨대를
위아래로 움직이며 불다 보면
소리가 잘 나는 곳을
찾을 수 있어.

깡통 피리 3

① 마시는 구멍
아래쪽에
구멍을 뚫어.

② 깡통 윗면에
빨대를 붙여.

③ 피리처럼 구멍을
막았다 떼었다 하면서
불어 봐.

깡통 고무 동력차

빨대
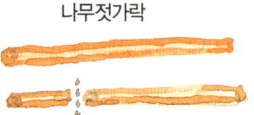
나무젓가락

① 깡통 윗면과 아랫면 가운데에다 송곳으로 구멍을 뚫고 연필로 넓혀.

② 빨대를 깡통 길이보다 조금 길게 잘라.

③ 나무젓가락 한 짝은 그대로 두고 다른 한 짝은 4센티미터로 잘라.

고무줄 4개

철사

④ 고무줄 네 개를 두 개씩 이어.

⑤ 고무줄 한쪽 고리를 짧은 나무젓가락에 걸고 위에서 아래로 통과시켜. 고무줄을 철사 고리에 끼워서 하면 쉬워.

⑥ 빨대를 철사에 끼워서 깡통 속으로 집어넣어.

⑦ 빨대 밖으로 나온 고무줄에 철사를 빼고 긴 나무젓가락을 끼워.

⑧ 동물 따위를 그려서 오려 붙여. 화살표 방향으로 나무젓가락을 여러 번 돌리고 내려놓으면 앞으로 굴러가.

깡통 쌓기

똑같은 시간 안에
누가 더 높이 쌓아 올릴까?
조심조심 살살 조마조마 달달.
"내가 먼저 쌓아야지."
"내 키만큼 쌓아야지."
욕심부리면 와르르! 무너져.
천천히 찬찬히 쌓아야 해.

깡통 판화 찍기

깡통 방망이를 종이에 굴리면
못생긴 동무 얼굴도 나오고, 예쁜 무늬도 나와.
"히히, 동무한테 카드 만들어 보내야지."

① 깡통 윗면과 아랫면 가운데에다 구멍을 뚫어.

② 굵은 꼬치 막대를 구멍에 끼워.

③ 두꺼운 종이를 깡통 크기에 맞게 잘라. 얼굴 모양을 그리고 오려 내.

④ 종이를 깡통에 감고 접착테이프로 붙여.

⑤ 눈, 코, 입을 만들어 풀로 붙여.

⑥ 높이가 낮은 깡통에는 청테이프에 그림을 그려서 잘라 붙여.

⑦ 잉크판에 깡통을 여러 번 굴려서 잉크를 골고루 묻혀.

⑧ 종이를 여러 장 겹쳐 놓고 깡통을 지긋이 굴려서 판화를 찍어.

⑨ 완성한 판화를 오려서 카드나 엽서를 만들어.

두꺼운 종이를 오려 붙여 찍은 판화

청테이프를 오려 붙여 찍은 판화

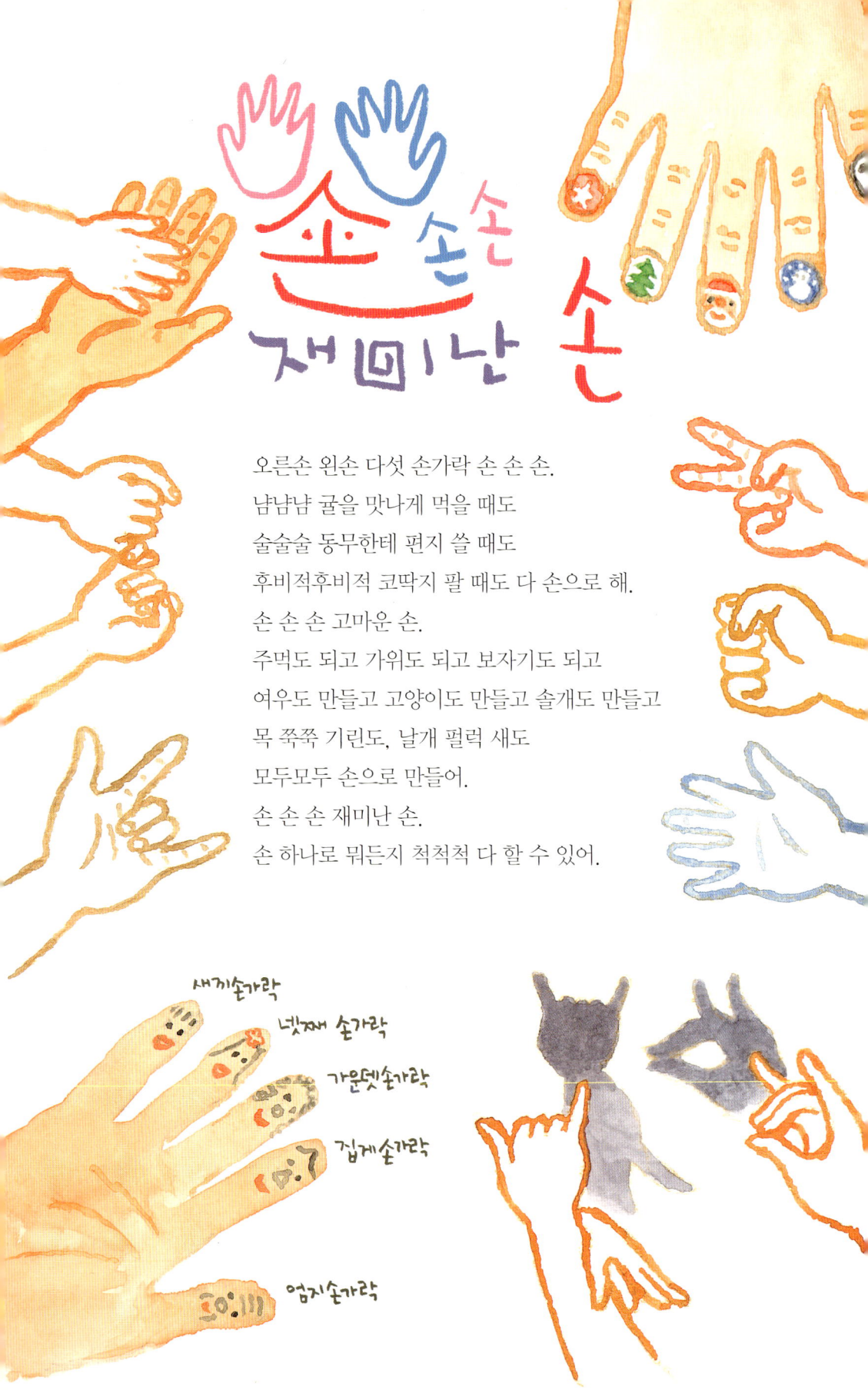

손 손 손 재미난 손

오른손 왼손 다섯 손가락 손 손 손.
냠냠냠 귤을 맛나게 먹을 때도
술술술 동무한테 편지 쓸 때도
후비적후비적 코딱지 팔 때도 다 손으로 해.
손 손 손 고마운 손.
주먹도 되고 가위도 되고 보자기도 되고
여우도 만들고 고양이도 만들고 솔개도 만들고
목 쭉쭉 기린도, 날개 펄럭 새도
모두모두 손으로 만들어.
손 손 손 재미난 손.
손 하나로 뭐든지 척척척 다 할 수 있어.

전기 놀이

찌찌– 찌릿찌릿– 찌찌 짓!
"어이쿠, 전기 온다."
눈도 깜박이면 안 되고
코도 벌렁이면 안 되고
입도 실룩하면 안 돼.
술래 몰래 전기를 보내야 해.
"누가 전기 보냈게, 알아맞혀 보시지롱!"

① 모두 함께 둥글게 둘러앉아.
② 가위바위보로 술래를 정하고 이불을 덮어.
③ 이불 속에서 서로 손을 잡아.
④ 누구나 전기를 보낼 수 있어.
　전기를 보낸 사람한테 다시 전기를 보내도 되고
　반대쪽으로 보내도 돼. 오른쪽으로 보내려면
　오른손으로 옆 사람 왼손을 꾹 눌러.
　술래 모르게 살짝 눌러야 해.
⑤ 옆 사람한테서 전기를 받으면
　다른 쪽 사람 손을 눌러서 다시 전기를 보내.

이불이 없으면 그냥 해도 돼.
술래한테 들키지 않게 더 조심해야겠지.

쌀보리 놀이

'보리' 할 때는 거북이처럼 느릿느릿
'쌀' 할 때는 다람쥐처럼 잽싸게.
"보리, 보리이이이이이."
"쌀!"

① 두 명이 마주 보고 앉아서
　가위바위보로 술래를 정해.
② 술래는 두 손을 모아 야구 글러브처럼 만들어.
③ 이긴 사람이 술래 손 안에다 자기 주먹을
　넣으면서 '쌀' 또는 '보리'를 외쳐.
④ 술래는 '쌀' 했을 때 주먹을 움켜잡아야 해.
　'보리' 했을 땐 잡아도 소용없어.

손가락 씨름

"끙끙끙, 내가 먼저 눌러야지."
엄지손가락끼리 꼿꼿이 서서 힘겨루기를 해.

① 엄지손가락을 위로 세우고
　나머지 손가락을 마주 잡아.

② 엄지손가락만 써서
　상대방 엄지손가락을 먼저 누르면
　이기는 거야.

손뼉치기

짝짝짝 짝짝짝! 노래 부르며 손뼉치기.
동무랑 손도 손도 잘 맞네.
짝짝짝 참말로 손이 잘도 달라붙네.
그래서 우린 단짝 동무라네.

푸른 하늘 은하수 하얀 쪽배에
계수나무 한 나무 토끼 한 마리
돛대도 아니 달고 삿대도 없이
가기도 잘도 간다 서쪽 나라로

자기 손뼉을 쳐.

오른 손등을 부딪쳐.

오른손끼리 손뼉을 쳐.

자기 손뼉을 쳐.

왼 손등을 부딪쳐.

왼손끼리 손뼉을 쳐.

자기 손뼉을 쳐.

한 손은 위로 한 손은 아래로 해서 위아래로 손뼉을 쳐.

서로 두 손을 마주쳐.

한 사람은 위에서 다른 사람은 아래에서 자기 손뼉을 쳐.

서로 두 손을 위아래로 마주쳐.

서로 두 손을 마주쳐.
한 줄만 익히면 뒤는 똑같이 되풀이돼.

손가락 알아맞히기

가위바위보를 해서 이긴 사람이 진 사람
목덜미에다 손가락 하나를 꾹 찔러.
어느 손가락인지 알아맞히면 처음부터 다시 하고,
못 알아맞히면 맞힐 때까지 계속해.

묵찌빠 놀이

① 노래를 부르면서 손동작을 해.
감자에(묵을 내)
싹이 나서(찌를 내)
잎이 나서(빠를 내)
② 묵과 찌를 차례대로 낸 다음, 빠! 할 때 내고 싶은 것을 내. 마지막 빠에서 이긴 사람이 공격해.

묵(바위)   찌찌(가위)   빠(보자기)

③ 공격할 때는 묵찌빠 가운데 아무거나 내면서, 내는 것을 크게 외쳐.
④ 수비가 같은 것을 내면 지는 거야. 그럼 벌칙을 받고 ①부터 다시 해. 수비가 낸 것이 이겼다면 공격과 수비를 바꿔 ⑤부터 계속해.

손 피리 1

피리 피리 피릴릴리.
손 피리는 무슨 소리가 날까?
후욱후욱! 소리를 안 나고 하늘만 노래.

① 한쪽 손을 다른 쪽 손 위에 ㄱ자가 되게 얹어.
② 두 엄지손가락 사이 틈만 남기고 꼭꼭 막아.
③ 갈라진 틈 아래쪽에 입을 대고 아래에서 위로 힘껏 불어.

손 피리 2

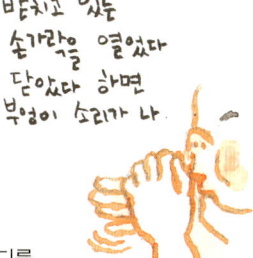

① 그림처럼 한쪽 손을 둥글게 해서 다른 손 손바닥 위에 착 붙여.
② 작은 공을 쥐듯 두 손을 모아 쥐어. 두 엄지손가락 사이 구멍만 남기고 꼭꼭 막아.
③ 두 엄지손가락 마디를 산처럼 세우고, 손가락 마디를 물듯이 입을 대고 불어.

그림자놀이

캄캄한 방에서 그림자가 불쑥! 불쑥!
손전등만 있으면 바로
그림자 놀이를 할 수 있어.

손가락 뜨개질

   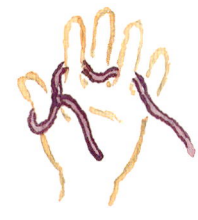

① 구멍이 생기게 실 끝을 꼬아.

② 구멍을 앞으로 제쳐. 구멍 안으로 실을 빼내 잡아당겨서 고리를 만들어.

③ 고리를 엄지손가락에 걸어.

④ 실을 집게손가락 등쪽, 가운뎃손가락 안쪽, 넷째 손가락 등쪽, 새끼손가락 안쪽으로 걸어.

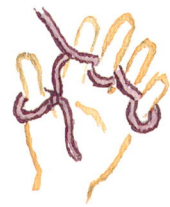  

⑤ 실을 새끼손가락 등쪽으로 감아 돌려서 아까랑 반대로 엇갈려 걸어.

⑥ 실을 집게손가락 등쪽으로 감아 돌려서 손가락 등쪽과 안쪽을 한 바퀴 감아.

⑦ 집게손가락을 살짝 구부리고 ⑤에서 감았던 실을 잡아 구부린 집게손가락 뒤로 넘겨.

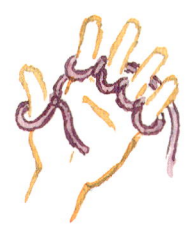 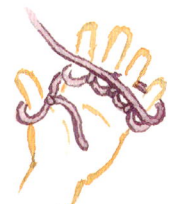  

⑧ 나머지 손가락도 차례대로 ⑦처럼 떠 나가.

⑨ 새끼손가락까지 다 뜨면 뒤에 걸린 실을 ⑥처럼 돌려 감아. ⑦과 ⑧을 계속 되풀이해.

⑩ 어느 정도 떠지면 엄지손가락에 걸린 고리를 풀고 계속 떠.

⑪ 자기 키만큼 떴으면 실을 끊고 새끼손가락에 걸린 실 위에서 아래로 넣어 빼내. 나머지 손가락도 차례대로 실을 넣어 빼내.

⑫ 손가락에 걸린 실을 빼내서 양끝으로 당겨서 조여.

방울 만들기

실 여러 가닥을 5센티미터쯤 잘라서 가운데를 묶은 다음 가위로 둥근 모양이 되게끔 다듬어. 목도리 양쪽 끝에 달면 달랑달랑 방울 목도리 완성!

손도장 찍기

손가락에 있는 구불구불 길.
가만 들여다보니, 어지럽다, 어지러워!
물감을 발라서 찍어 보자.
"나는 붕붕 윙윙 귀여운 벌."
"나는 크롱크롱 공룡이다."

손가락에다 잉크를 톡! 톡! 톡!
골고루 여러 번 묻혀야 잘 찍혀.

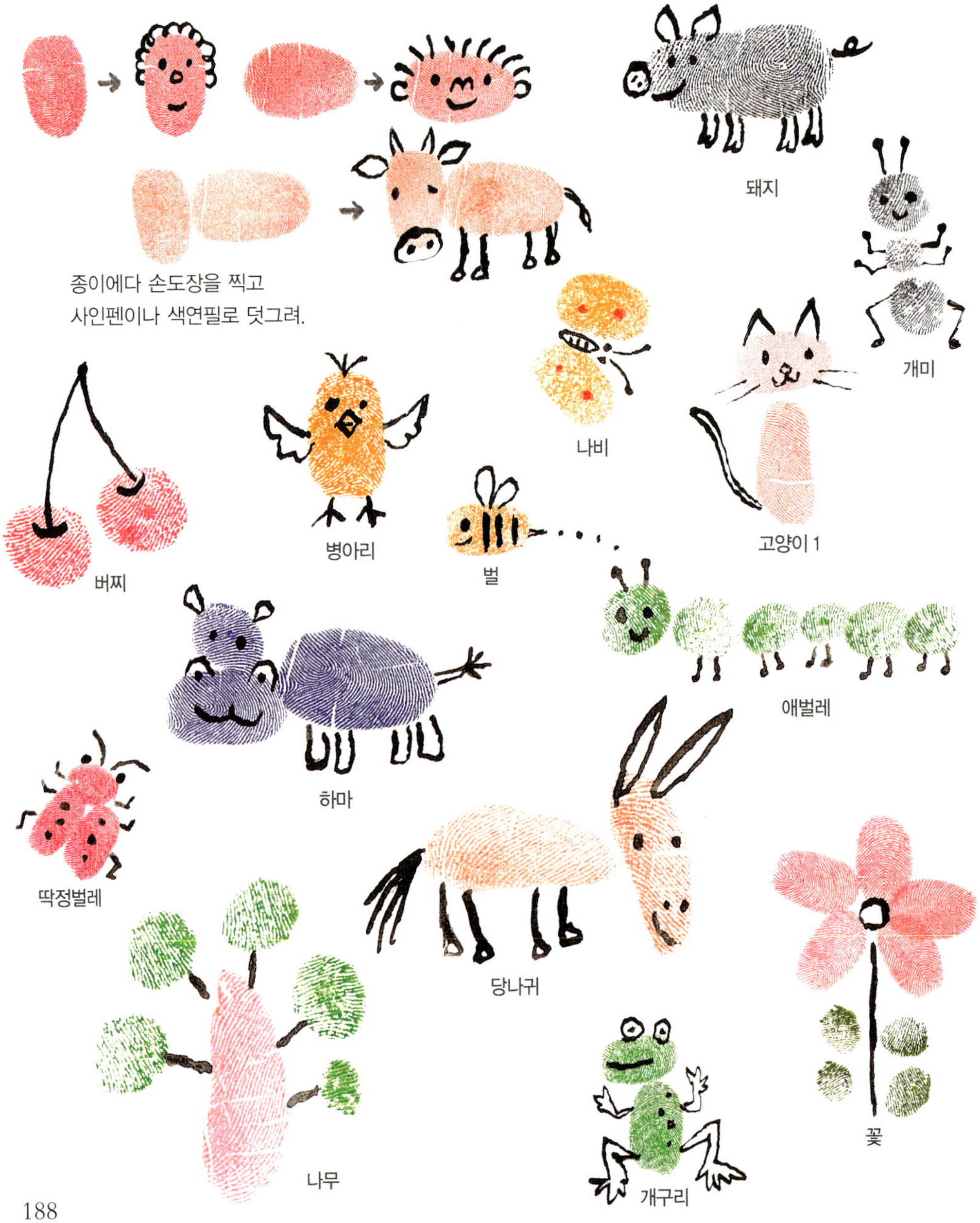

종이에다 손도장을 찍고
사인펜이나 색연필로 덧그려.

돼지
개미
나비
고양이 1
버찌
병아리
벌
애벌레
하마
딱정벌레
당나귀
꽃
나무
개구리

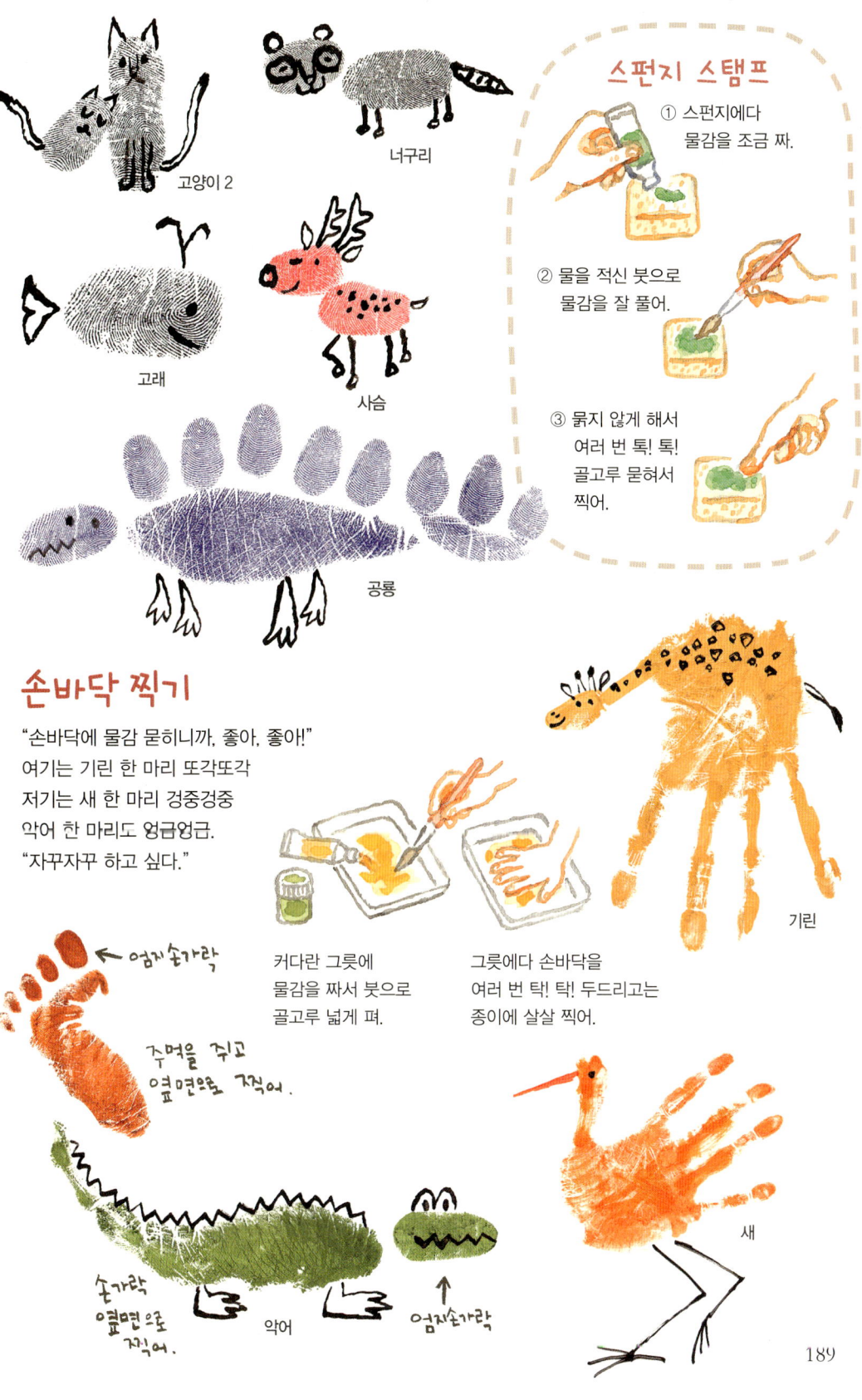

실로 실 놀이
실로 재미 실실 웃음 실실

내 목소리 잘 들려?
실뜨기 하자!
끝!

가지가지 실 실 실, 실로 실로 실 놀이.
기다란 실 실, 전화 소리가 들리는 실전화.
팽그르르 팽팽팽 실팽이, 잘도 도는 실팽이.
가지가지 멋진 그림 만들어 내는 실그림.
하루 종일 실뜨기.
푸른 하늘 은하수 노래도 부르고
시리렁 시리렁 톱질도 하고
둘이서 꼭 붙어 사이좋게 실뜨기.
가지가지 실 실 실, 실로 실로 실 놀이.
웃음이 실실 재미가 실실.
실로 실로 실실실!

실전화

"여보세요!"
"여보세요! 잘 들리나요?"
실을 타고 간다, 소리가 간다.
기다란 실전화 실을 타고 소리가 간다.

① 종이컵 두 개에다
  송곳으로 바닥에
  구멍을 하나씩 뚫어.

② 구멍에 실을 꿰고는
  실이 빠지지 않게
  종이를 꿰어.
③ 컵 안쪽으로 실을 잡아당겨서
  종이가 움직이지 않게
  접착테이프로 딱 붙여.

실전화 실은 벽에 닿지 않아야 해.
문손잡이나 의자 따위에 고무줄이나
실로 묶어서 실전화를 걸어.

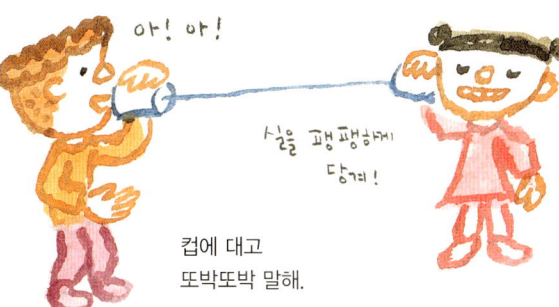

컵에 대고
또박또박 말해.

단추 실팽이

핑그르르 핑그르르 돈다 돌아, 실팽이.
당겼다 늦췄다 팽팽하게 잘도 돈다, 실팽이.

① 1미터쯤 되는 실을 큰 단추에 꿰고는 끝을 묶어.
실이 너무 가늘면 손이 아파.

② 실 양끝을 잡고 단추를 여러 번 돌려서 실을 꼬아.

③ 두 손으로 계속 실을 당겼다 늦췄다 하면서
단추 팽이가 잘 돌아가게 해.

종이 실팽이

단추 대신 두꺼운 종이, 골판지, 하드보드지 따위를
오려서 종이 실팽이도 만들자.

① 컴퍼스로 크기가 다른 동그라미를 여러 개 그려.

② 동그라미 가운데에서 5밀리미터씩 떨어진 양쪽에다 송곳으로 구멍을 뚫어.

③ 여러 가지 무늬로 색칠해.

④ 1미터쯤 되는 실을 구멍에 꿰고 실을 묶어.

가지가지 실팽이

 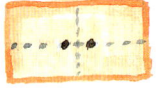

네모난 종이 실팽이

병뚜껑 실팽이

병뚜껑을 망치로 두드려 펴서 못으로 구멍을 뚫어.

딱지 실팽이

딱지로도 만들어 봐.

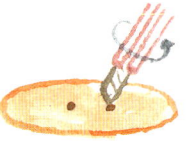

나무 숟가락 실팽이

떠먹는 아이스크림에 들어 있는 나무 숟가락에다 칼끝을 돌려서 구멍을 뚫어.

실뜨기 실 고리 잇기

굵기가 3밀리미터쯤 되는 촘촘한 무명실이 좋아.
길이 140센티미터로 잘라.

① 실 두 끝을 엇갈려 놓아.

② 두 끝에다 그림처럼 매듭을 만들어.

③ 화살표 방향으로 당겨서 꽉 조여.

실그림

실이 종이 사이에 들어가면 어떤 그림이 나올까?
요상한 모양으로 구불구불, 실그림도 요상할까?
"와, 멋진 그림이 나왔다!"

① 그릇에 물감을 너무 묽지 않게 풀어서 실에 물감을 묻혀.

② 종이를 반으로 접었다 펴고 실을 재미난 모양으로 얹어. 실 한쪽 끝은 밖으로 나오게 해.

③ 종이를 접고 책을 얹은 다음 누르면서 실을 잡아당겨.

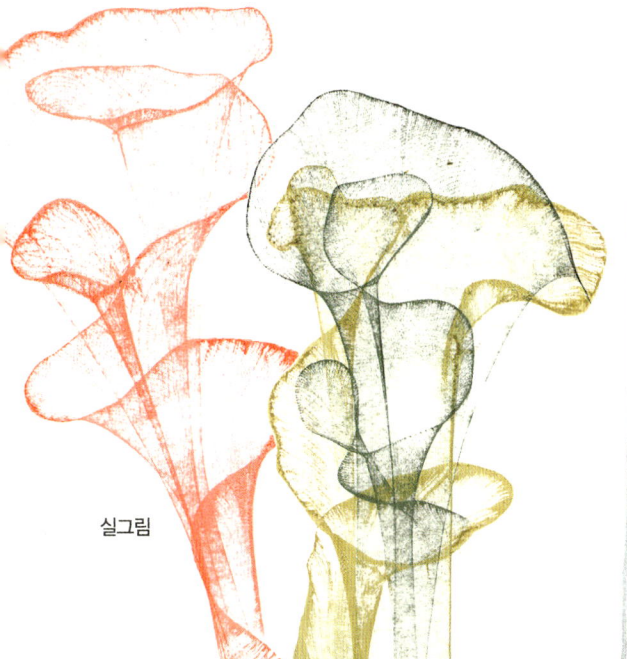

실그림

실 찍기

갖가지 실을 종이에 찍으면
더 재미있는 그림이 돼.

손뼉치기 실뜨기

동무랑 둘이 실을 이렇게 걸고 저렇게 걸고.
"아이고, 복잡해라!"
다시 실을 요렇게 걸고 조렇게 걸고는
손뼉 짝! 짝! 짝!

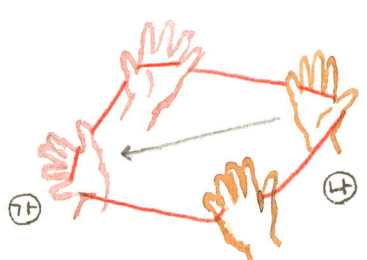
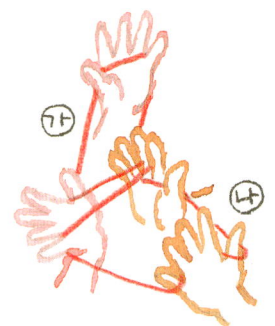
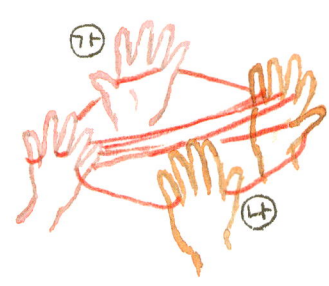

① 서로 마주 보고 두 사람 다 엄지손가락과 새끼손가락에 실을 걸어.

② ㈏가 오른손 가운뎃손가락으로 대각선에 있는 ㈎의 손바닥 실을 걸어 당겨.

③ ㈎도 오른손 가운뎃손가락으로 대각선에 있는 ㈏의 손바닥 실을 걸어 당겨.

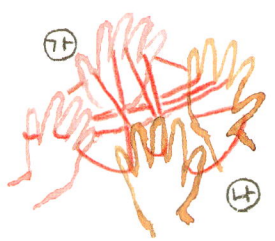
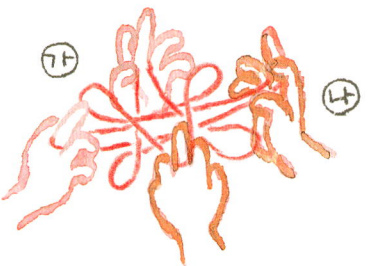
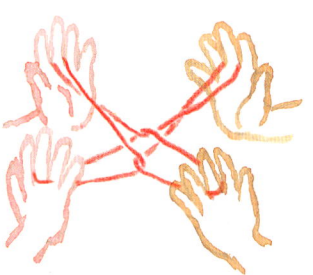

④ 왼손 가운뎃손가락으로도 ②, ③처럼 대각선에 있는 상대편 손바닥 실을 걸어 당겨.

⑤ 가운뎃손가락에 걸려 있는 실만 남기고 엄지손가락, 새끼손가락 실을 풀어.

⑥ 풀어서 느슨한 실을 당기면 손뼉치기 실뜨기 완성!

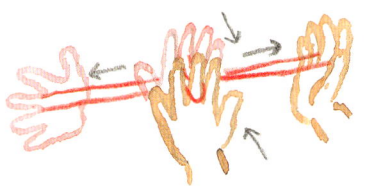

⑦ 오른손을 당기면 왼손 손뼉, 왼손을 당기면 오른손 손뼉. 번갈아서 손뼉을 마주쳐.

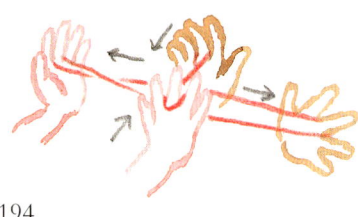

손뼉치기

오른손 짝! 왼손 짝! 오른손 짝! 왼손 짝!
노래를 부르면서 짝! 짝! 짝!
오른손, 왼손 번갈아서 짝! 짝! 짝!

톱질하기 실뜨기

동무랑 둘이 실을 이렇게 걸고 저렇게 걸고.
"오호, 어려워도 이제는 할 만하다!"
다시 실을 요렇게 걸고 조렇게 걸고는 슬근슬근 톱질하기!

① 양쪽 손목에 실을 걸어.

② 실을 오른손에 쥐고 왼손 손목에 한 번 감아.

③ 실을 왼손에 쥐고 오른손 손목에 한 번 감아.

④ 양쪽 손목에 한 번씩 감으면 이런 모습이 돼.

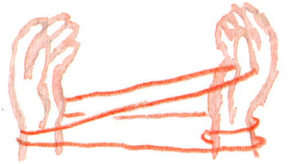

⑤ 오른손 엄지손가락으로 왼쪽 손목에 감긴 실을 걸어서 당겨.

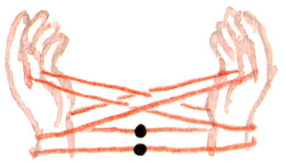

⑥ 왼손 엄지손가락으로 오른쪽 손목에 감긴 실을 걸어서 당겨. 다른 사람이 ●실을 잡아.

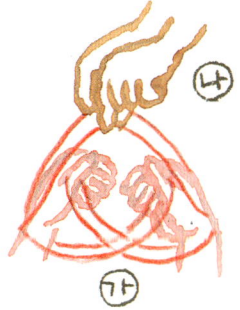

⑦ ㉯가 잡은 실을 들어 올려서 손목에 감긴 실을 풀어.
㉮는 엄지손가락 실이 풀리지 않게 쥐고 있어.

⑧ 실 두 개를 서로 바꿔서 잡아.

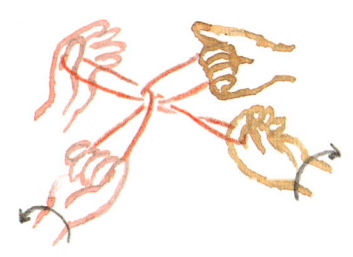

⑨ 손을 뒤집어서 꼬인 실을 풀어.

⑩ 톱이 다 만들어졌어. 밀고 당기면서 톱질해.

톱질하기

오른손을 당기면 왼손을 밀어 주고
왼손을 당기면 오른손을 밀어 줘.

시리렁 시리렁
당겨 주소
시리렁 실건
톱질이야

둘이 하는 실뜨기

둘이 하는 실뜨기, 해도 해도 끝나지 않는 실뜨기.
요런 모양도 만들고 저런 모양도 만들고.
실 하나로 온갖 모양 뚝딱뚝딱! 신기하고 재미있다!

① 톱질하기 실뜨기 ④에서 시작해. 오른손 가운뎃손가락으로 왼손 손목에 감긴 실을, 왼손 가운뎃손가락으로 오른손 손목에 감긴 실을 걸어서 당겨.

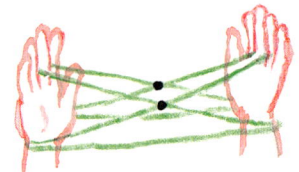

② ●부분을 다른 동무가 엄지손가락과 집게손가락으로 바깥쪽에서 잡아.

③ 실을 잡아서 손을 양쪽으로 벌려.

④ ●실을 아래에서 들어 올리듯 걸어.

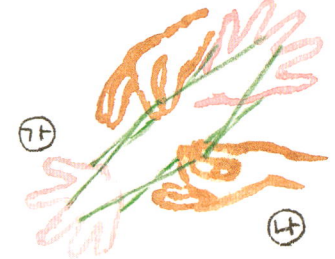

⑤ ㉯가 실을 들어 올릴 때 ㉠는 손에서 실을 모두 놓아. ㉯는 그대로 손을 양쪽으로 벌려.

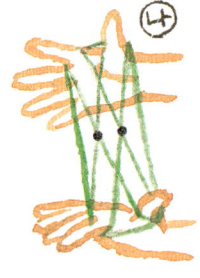

⑥ ㉠는 ●부분을 엄지손가락과 집게손가락으로 위에서 잡아.

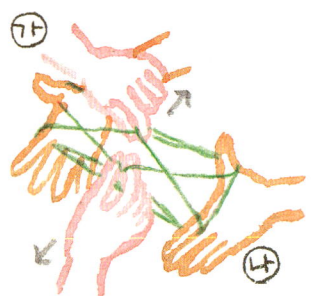

⑦ 손으로 집어 올리면서 양쪽으로 벌려.

⑧ ●실을 아래에서 들듯이 걸어 올려.

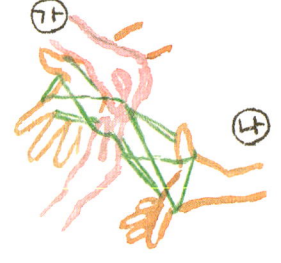

⑨ ㉠는 실 들어 올린 손을 양쪽으로 벌리고, ㉯는 손에서 모든 실을 놓아.

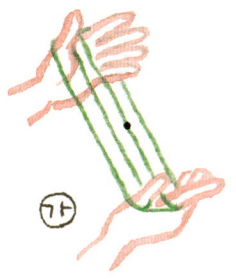

⑩ 젓가락 완성!
　㈏는 왼손 새끼손가락으로
　●실을 위로 걸어 올려.

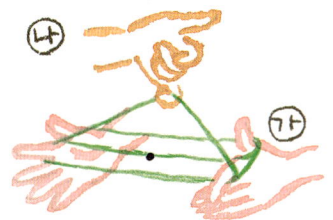

⑪ 오른손 새끼손가락으로
　●실을 위로 걸어 올려.

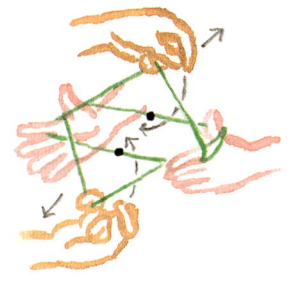

⑫ ㈏는 손을 양쪽으로 벌리고,
　그대로 엄지손가락과 집게손가락을
　●실 아래로 넣어 걸어서 잡아당겨.

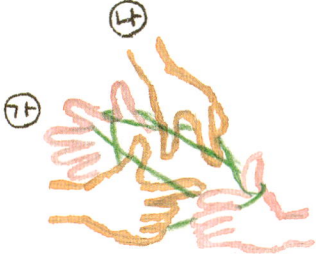

⑬ ㈏는 실 들어 올린 그대로
　손을 양쪽으로 벌리고,
　㈎는 모든 실을 손에서 놓아.

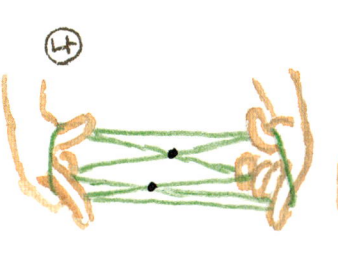

⑭ 베틀 완성!
　㈎는 엄지손가락과 집게손가락으로
　●부분을 바깥쪽에서 잡아.

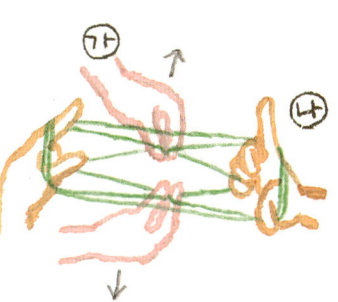

⑮ 손을 양쪽으로 벌려.

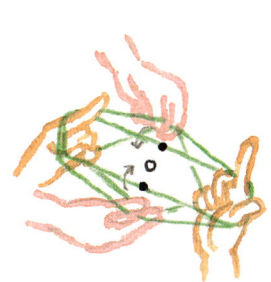

⑯ 엄지손가락과 집게손가락을
　들어 올려서 ●실 위를 넘어,
　○으로 넣어.

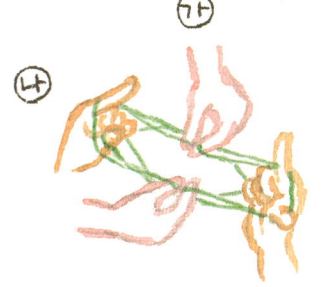

⑰ ㈎는 손을 양쪽으로 벌리고,
　㈏는 손에서 모든 실을 놓아.

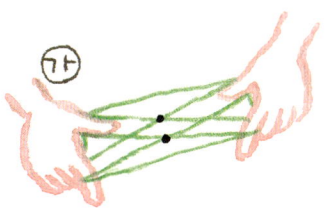

⑱ 바둑판 완성! ㈏는
　엄지손가락과 집게손가락으로
　●부분을 위에서 잡아.

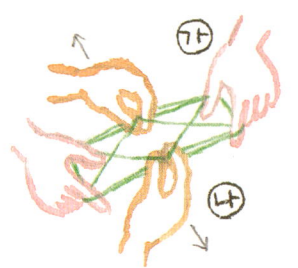
⑲ 실 잡은 손을 살짝 들어서
    양쪽으로 벌려.

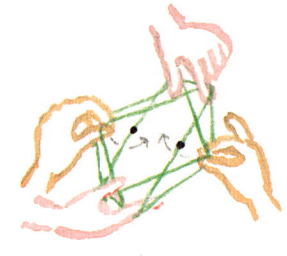
⑳ ●실을 아래에서 들어 올리듯
    손가락을 걸어서 위로 당겨.

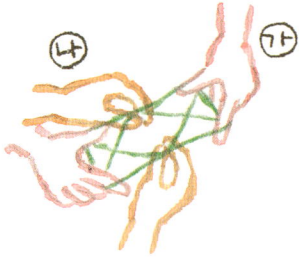
㉑ ㉯는 손을 양쪽으로 벌리고,
    ㉮는 모든 실을 손에서 놓아.

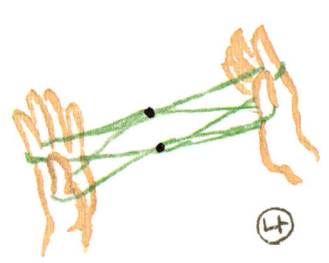
㉒ 소눈깔 완성!
    ㉮는 엄지손가락과 집게손가락으로
    ●부분을 위에서 잡아.

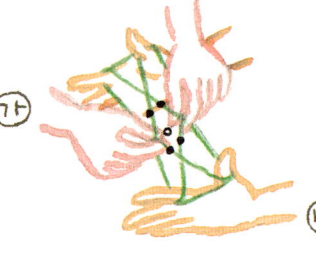
㉓ 엄지손가락과 집게손가락을
    ○으로 모으고 손가락 끝이
    위쪽을 향하게 뒤집어 올려.
    손가락에 ●실을 걸어.

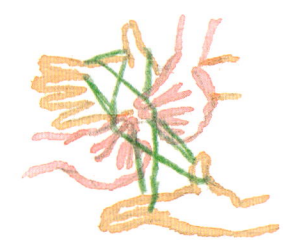
㉔ ㉮는 손을 양쪽으로 벌리고,
    ㉯는 모든 실을 손에서 놓아.

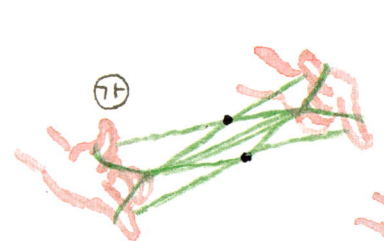
㉕ 개구리 완성! ㉯는
    엄지손가락과 집게손가락으로
    ●부분을 위에서 잡아.

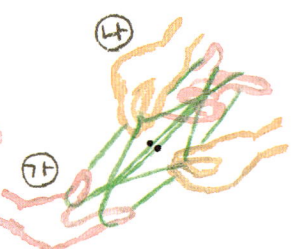
㉖ 엄지손가락과 집게손가락을
    ●실 사이로 아래에서 넣어.

㉗ ㉯는 손을 양쪽으로 벌리고,
    ㉮는 모든 실을 손에서 놓아.

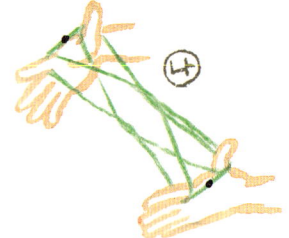
㉘ 다시 소눈깔이야. ㉮는
    새끼손가락으로 ●실을 걸어.

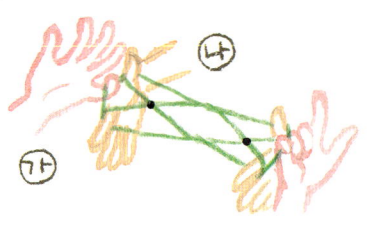
㉙ ㉮는 엄지손가락과 집게손가락으로
    ●부분을 위에서 잡아.

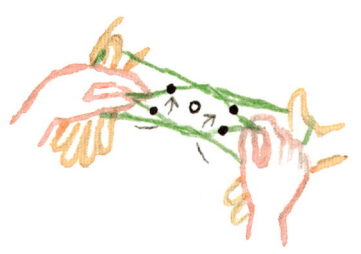

㉚ 엄지손가락과 집게손가락을
○으로 아래에서 넣어 손가락을
위로 향하게 해서 ●실을
손가락에 걸어.

㉛ ㉮는 손을 양쪽으로 벌리고,
㉯는 모든 실을 손에서 놓아.

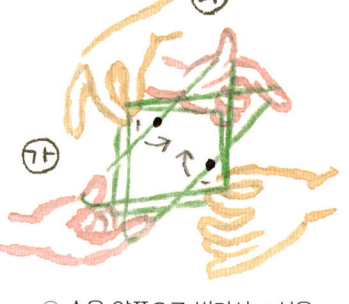

㉜ 장구 완성! ㉯는 엄지손가락과
집게손가락으로 ●부분을
바깥쪽에서 잡아.

새끼손가락에서
이어진, 실이 겹치는
부분을 잡아.

㉝ 손을 양쪽으로 벌려서 ●실을
아래에서 걸어 올려.

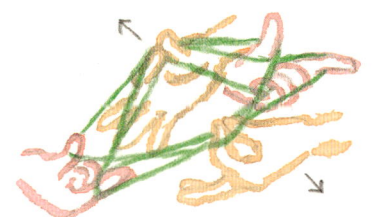

㉞ ㉯는 손을 양쪽으로 벌리고,
㉮는 모든 실을 손에서 놓아.

㉟ 다시 젓가락이야. ⑩으로 돌아가서
계속 이어서 실뜨기해.

199

종이 종이 놀거리 가득!

종이 들고 모여라! 종일 놀자꾸나!
신문지, 색종이, 도화지.
헌 종이, 새 종이.
두꺼운 종이, 얇은 종이.
맨질맨질한 종이, 거칠거칠한 종이.
오리고 접고 돌돌 말아 붙여서
딱지, 바람개비, 비행기, 팽이 만들어
치고 치고 날리고 날리고 돌리고 돌리고!
찢고 찢어서 흔들고 뿌리고 던지고!
종이 종이 놀거리 가득!
종일 종일 웃음도 가득!

신문지 찢기 놀이

빠글빠글 글자 가득 신문지.
놀아도 놀아도 재미나는 신문지.

신문지는 결이 있어서
가로로는 잘 안 찢어지지만
세로로는 잘 찢어져.

시간을 정해 놓고 신문지 한 장을 끊어지지 않게
누가 가장 길게 찢나 겨뤄.

신문지 리본체조

신문지 막대에다 길게 찢은
신문지를 붙여 리듬체조를 해 보자.

신문지 막대

신문지 다섯 장을
꼼꼼하게 말아서
테이프로 감아.

길게 찢은 신문지를
잘게 찢어서 눈처럼 뿌려 봐.

신문지죽 던지기

물 담은 대야에 찢은 신문지를 넣으면 신문지죽 완성!
벽에 과녁을 그리고 신문지죽을 한 주먹씩 뭉쳐서 던져.

한 장으로 딱지 접기

집에 있는 과자 상자나 신문지 같은
헌 종이로 딱지를 만들어 보자.

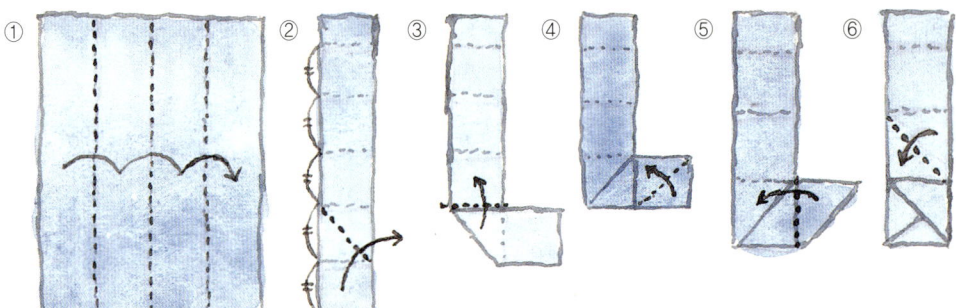

① 종이를 길게 몇 번 접어.
② 정사각형이 다섯 개 이상 나오게 접고
   두 번째 정사각형 부분을 대각선으로 접어.
③ 위로 접어 올려.
④ 점선대로 대각선으로 접어.
⑤ 안으로 접어.
⑥ 점선대로 대각선으로 접어.
⑦ 아래로 접어 내려.
⑧ 점선대로 대각선으로 접어.
⑨ 빗금 친 부분을 잘라 내.
⑩ ○를 ● 밑으로 끼워 넣어.

두 장으로 딱지 접기 1

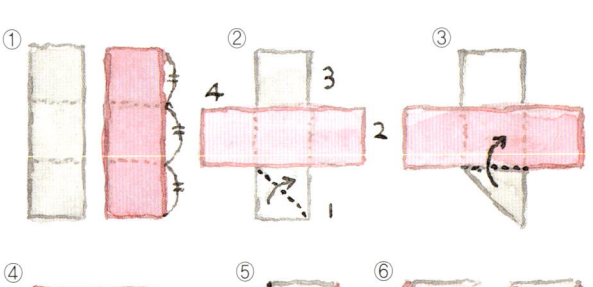

① 세로 길이가 가로 세 배 되는
   종이 두 장을 준비해.
② 십자로 겹치고 1을 대각선으로 접어.
③ 점선대로 접어.
④ 2, 3도 차례대로 ②, ③처럼 접어.
⑤ 4를 대각선으로 접어.
⑥ 4를 가장 먼저 접은 1 밑으로
   끼워 넣어.

두 장으로 딱지 접기 ②

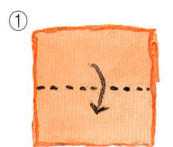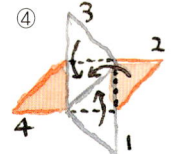

① 정사각형 종이를 반으로 접어.
② 한 장을 더 만들어.
③ 두 장 다 양쪽을 서로 엇갈리게 대각선으로 접어.
④ 두 장을 십자로 겹쳐. 1, 2, 3을 차례대로 십자 안으로 넣어.
⑤ 4를 접어서 가장 먼저 접은 1 밑으로 끼워 넣어.

딱지치기 ① (쳐 내기)

딱지 따먹기 할 때는 가슴이 조마조마.
내 딱지 따먹을까 봐 두근두근.
내 딱지가 넘어갈 땐 나도 훌쩍 넘어가.
그래도 재미난 딱지 따먹기!

바닥에 원을 그리고 딱지를 놓아.
차례대로 원 안에 있는 딱지를 쳐 내.
밖으로 나온 딱지는 다 먹어.

딱지치기 ② (뒤집기)

① 가위바위보로 차례를 정해.
② 첫 번째 사람을 뺀 나머지 사람은 딱지를 한 장씩 바닥에 대.
③ 첫 번째 사람은 자기 딱지로 바닥에 댄 딱지를 쳐서 뒤집어지게 해.
④ 딱지가 뒤집어지면 그 딱지를 먹고 계속 쳐. 뒤집어지지 않으면 자기 딱지를 바닥에 대고 다음 사람이 쳐.

딱지 날리기

던지는 자리를 정하고
딱지를 날려.
가장 멀리 날리는
사람이 다 먹는 거야.

종이 바람개비 1

핑그르르 바람개비,
잘도 돈다 바람개비!
바람 맞아 바람개비!
하하호호 우리는 바람돌이!

정사각형 종이

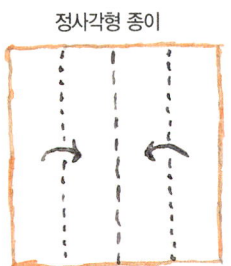
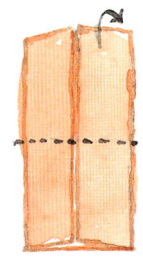

① 오른쪽, 왼쪽을 각각 반으로 접어.

② 반을 뒤로 접어.

③ 반을 접었다 펴.

④ 네 귀를 접었다 펴.

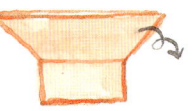

⑤ 화살표 방향으로 벌려서 위로 눌러 접어.

⑥ 뒤집어서 뒷면도 ⑤처럼 해.

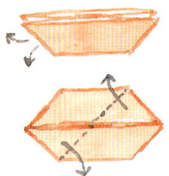

⑦ 아랫부분을 위로 펼쳐서 점선대로 접으면 날개 완성.

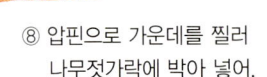

⑧ 압핀으로 가운데를 찔러 나무젓가락에 박아 넣어.

종이 바람개비 2

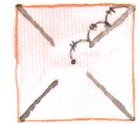

① 네 모서리에서 대각선으로 조금 잘라.

② 가운데와 네 모서리 같은 쪽에 압핀으로 구멍을 하나씩 뚫어.

③ 압핀을 네 모서리 구멍에 끼워.

④ 압핀을 가운데 구멍에 끼워.

⑤ 압핀을 나무젓가락에 박아 넣어.

완성!

손가락 바람개비

① 두꺼운 정사각형 종이 두 장을 한쪽 모서리만 대각선으로 절반씩 잘라.

② 서로 엇갈려 끼워.

③ 엄지손가락과 가운뎃손가락으로 쥐고선 입으로 불어.

종이 팽이 1

돈다 돌아, 팽글팽글 잘도 돈다, 종이 팽이!
"누구 팽이가 더 오래오래 돌까?"
"후웁! 후웁! 내 팽이가 더 오래 돌게 해야지."
여러 가지 종이 팽이가 도니까 멋지다 멋져.

① 폭이 1센티미터쯤 되게 종이를 잔뜩 잘라. 자른 종이를 테이프로 이어 붙여

② 종이 한쪽 끝을 이쑤시개에다 테이프로 붙여.

③ 꽉 조여 가면서 계속 돌려 감아.

④ 다 감고는 끝을 테이프로 붙여. 이쑤시개 끝을 뭉툭하게 다듬어.

종이 팽이 2

① 두꺼운 종이에 컴퍼스로 원을 그려.

② 가위로 오린 뒤 가운데를 뚫어.

③ 이쑤시개를 끼워.

④ 이쑤시개를 위보다 아래가 짧게 끼워.

⑤ 이쑤시개 끼운 사이에 위아래로 본드를 발라.

여러 가지 색깔 무늬와 모양이 다른 팽이를 만들어 봐.

나무젓가락 종이 새총

쓩! 쓩! 빠르다 빨라, 종이 새총!
바람을 가르며 날아가신다.
"히히, 종이 새총으로
참새 잡아 볼까?"
"참새가 널 잡겠다!
깡통 맞히기나 해라!"

새총 만들기

나무젓가락에 고무줄을 걸어서 풀지 않게 꽉 조여.

종이 총알
종이를 잘라 홈을 내서 여러 모양 총알을 만들어 봐.

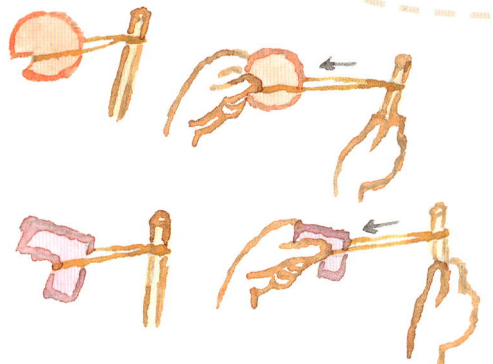

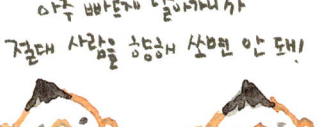

아주 빠르게 날아가니까 절대 사람을 향해 쏘면 안 돼!

① 종이 총알 파인 홈에 고무줄을 걸어.

② 종이 총알과 고무줄을 같이 잡고 당겨.

③ 새총을 살짝 아래로 숙이면서 총알을 쏘아.

손가락 종이 새총

← 8cm →

① 종이를 돌돌 말아.

② 돌돌 만 종이를 반으로 접어.

③ 엄지손가락과 집게손가락에 고무줄을 걸어.

④ 종이 총알을 고무줄에 걸고는 당겨서 쏘아.

깡통을 세워 놓고 맞혀 봐.

색종이 왕관 비행기

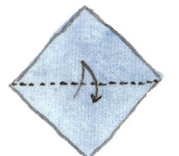 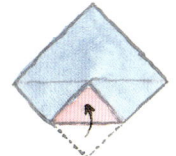 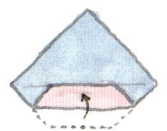  

① 색종이를 대각선으로 반을 접었다 펴.
② 반 접은 선까지 아래를 접어 올려.
③ 다시 반을 접어 올려.
④ 또 반을 접어 올려.
⑤ 접은 곳을 펼쳐.

⑥ 접힌 자국을 따라 앞뒤로 번갈아 가며 접어 올려.
⑦ 뒤집어서 둥글게 휘어.
⑧ 그림처럼 풀이나 테이프로 붙여.

접힌 데를 앞쪽으로 해서 날려.

종이 왕관 비행기

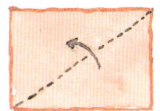 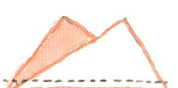  

① 직사각형 종이를 반으로 접어.
② 아래를 1센티미터쯤 올려 접는데, 오른쪽 폭이 조금 좁게 접어.
③ 세 번 더 말아 올려 접어.
④ 양쪽 끝을 둥글게 휘어.

⑤ 폭이 조금 좁은 오른쪽 끝을 왼쪽 화살표 한 곳에 끼워 넣어.
⑥ 꼭 끼워 넣으면 왕관 비행기 완성!
⑦ 둥글게 만 데를 앞쪽으로 해서 날려.

와, 엄청 잘 날아!

저기 나무에다 맞히자.

목표물을 정하고 맞히기 놀이를 해.

왕관 비행기 놀이

공처럼 던져서 서로 주고받기해.

뾰족 비행기

빠르게 멀리 나는 뾰족 비행기
슈웅슈웅 미끄러지듯 잘도 난다.

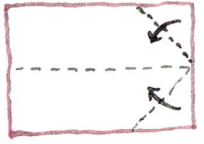 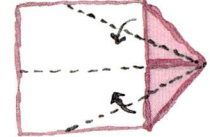 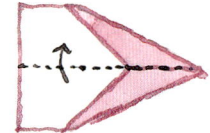 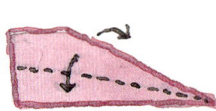

① 가운데로 두 귀를 접어. ② 다시 가운데로 접어. ③ 안으로 반 접어. ④ 양쪽 날개를 내려 접어.

⑤ 날개가 기울지 않고 평평하게 맞춰.   완성!

사람을 향당해 쏘면 안 돼!

총알 비행기 만들기

① 뾰족 비행기 몸통에다 송곳으로 구멍을 뚫어. ② 구멍에 고무줄을 꿰어. ③ 고무줄을 엮어서 당겨.

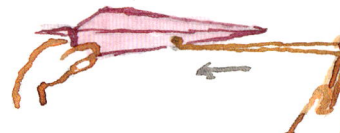

④ 고무줄을 나무젓가락 끝에 살짝 걸고 당겨서 쏘아. 나무젓가락이 없으면 집게손가락에 걸어도 돼.

종이비행기 날리기

누가 더 높이 날리나?
누가 더 멀리 날리나?
누가 더 오래 날리나?
내 종이비행기 늦게 떨어져라!

삼각 비행기 1

  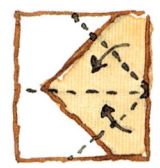 

① 가운데로 접어. ② 점선 따라 안으로 접어. ③ 가운데로 접어. ④ 가운데 꼭지를 올려 접어.

⑤ 종이를 뒤집어서 반 접어. ⑥ 양쪽 날개를 내려 접어. ⑦ 날개가 기울지 않도록 평평하게 맞춰. 완성!

삼각 비행기 2

① 삼각 비행기 ④에 이어 접어. 앞 꼭지는 내려 접고, 종이를 뒤집어서 빈을 집어. ② 양쪽 날개를 내려 접어. ③ 날개가 기울지 않도록 평평하게 맞춰. 완성!

오징어 비행기

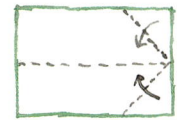  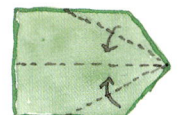 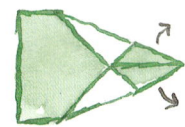

① 가운데로 접어. ② 종이를 뒤집어. ③ 가운데로 접어. ④ 접힌 뒷면 두 귀를 꺼내 펼쳐.

  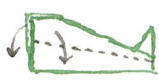  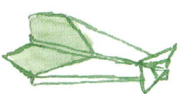

⑤ 안으로 반 접어. ⑥ 안으로 반 접어. ⑦ 양쪽 날개를 내려 접어. ⑧ 날개가 기울지 않고 평평하게 맞춰. 완성!

뚝딱뚝딱 만들자 하루 꼬박 놀자

청동오리
수컷

암컷

흰뺨검둥오리
수컷
암컷이랑 수컷이 비슷해
암컷

놀자 놀자, 애들아 놀자.
뚤레뚤레 둘러보면 세상 가득 놀거리.
굴러다니는 스티로폼이랑 골판지 상자
모두모두 재미난 놀잇감.
새와 소금쟁이로 반짝 변신 스티로폼 놀잇감.
미끌미끌 골판지 미끄럼장.
골판지 상자로 지은 집은
문도 작아, 창문도 작아, 작아서 더 좋은 집.
발발발 기어서 어디로 나가나 골판지 미로.
반짝 변신 골판지 상자 놀잇감.
뚝딱뚝딱 만들어서 노니 더 재미나다.

고방오리
수컷
암컷

수컷

쇠오리
수컷
암컷

보리들 암컷을 거의 비슷하게 생겼어.

넓적부리
암컷
암컷

흰죽지
수컷
홍머리오리
암컷
수컷

비오리
암컷
수컷

댕기흰죽지
수컷
암컷

동동 둥둥 물오리들아!

추운 겨울 잘 지냈니, 동동 둥둥 물오리들아!
"겨울 잘 나고 이제 먼 북쪽 나라로 돌아갈 거야."
"섭섭하다. 우리가 배웅 갈게."
동무들아, 가기 전에 물오리 만들어서 놀아 볼까?
"물오리 만들어서 노니까 청둥오리, 쇠오리,
고방오리, 흰죽지, 다 알아보겠는걸?"

① 스티로폼 그릇에 연필로 오리 테두리를 그리고, 칼로 오려 내.

② 유성펜으로 색칠해.

③ 오리 배 밑에 못을 꽂아.

④ 대야에 물을 가득 채워서 오리를 띄워.

까딱까딱 까치야!

까치는 우리랑 가까이 살아서 참 친근해!
까치가 울면 반가운 손님이 온대.
히히, 그래서 난 까치가 좋아.
균형 잡는 까치 만들어 볼까?
정다운 까치가 손가락 끝에서 까딱까딱!
"우아, 신기해! 다른 새도 만들어 봐야지."

① 종이를 접어서 새 모양 반을 그려. 날개가 부리보다 더 올라오게 그려.

② 새 그림을 따라 가위로 오린 다음 펼쳐.

③ 새를 스티로폼 그릇에 딱풀로 붙인 뒤 오려 내.

④ 포스터물감으로 색칠해.

⑤ 뒤집어서 양쪽 날개 끝에다 동그란 폐건전지나 자석을 양면테이프로 붙여.

코끝에 새를 세우고 정한 데까지 누가 빨리 갔다 오는지 겨뤄 봐.
새가 떨어지면 멈춰서 새를 다시 세운 다음 움직여.

톡! 톡! 소금쟁이

물 위를 톡! 톡! 소금쟁이. 가볍게도 톡! 톡! 잘도 튀지.
"히히, 스티로폼 소금쟁이도 물 위에 잘 뜬다."

① 스티로폼 그릇에 소금쟁이 몸통 세 개와 발 네 개를 그리고 칼로 오려 내.

② 몸통 하나와 발 네 개를 유성펜으로 색칠해.

③ 색칠한 몸통 밑에 나머지 몸통 두 개를 겹쳐서 양면테이프로 붙여.

④ 이쑤시개나 가는 나뭇가지를 몸통에 비스듬히 꽂고 발을 끼워.

⑤ 물에 띄워.

골판지 깃털 머리띠

① 골판지를 폭 4센티미터, 길이는 머리 둘레만큼 자르고 무늬를 그려 넣어.

② 둥글게 말아서 테이프로 붙여.

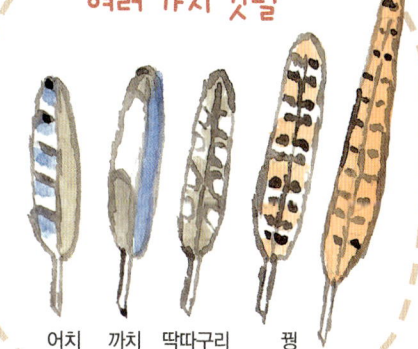

여러 가지 깃털

어치   까치   딱따구리   꿩

③ 종이를 깃털 모양으로 오려서 색칠해. 뒤쪽도 똑같이 색칠해.

④ 빨대를 깃대처럼 나오게 해서 깃털 그림에다 투명테이프로 붙여.

⑤ 골판지 머리띠에 깃털을 꽂아.

골판지 미끄럼장

슈웅슈웅 미끄러진다 미끄러져!
골판지 미끄럼장이 미끌미끌 미끌미끌.
여럿이 타도 끄떡없다, 골판지 미끄럼장.
비탈진 곳이라 더 짜릿하다!

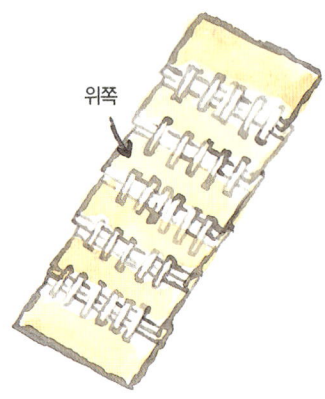

위쪽

① 크기가 비슷한 골판지 상자 여섯 개를 준비해서 모두 모서리 한 곳을 칼로 잘라.

② 골판지를 펼친 다음 갈라진 곳을 포장용 테이프로 앞뒤 다 붙여. 여섯 개를 똑같이 만들어.

③ ②의 골판지 여섯 장을 테이프로 튼튼하게 이어 붙여. 위쪽이 아래쪽을 덮도록 조금씩 겹쳐서 붙여 줘. 뒤집어서 뒤쪽도 테이프로 붙여.

④ 맨 위쪽 끝을 조금 접어서 테이프로 붙여.

⑤ 다시 앞으로 뒤집어서 나무 막대를 끼워.

⑥ 비탈진 곳에 골판지 미끄럼장을 깔고, 쓸려 내려가지 않게 나무나 말뚝에 묶어.

야호, 비탈진 풀밭에서는 골판지 썰매가 최고다!

골판지 썰매

야호! 골판지 썰매 타고 씽씽 쌩쌩!
눈썰매보다 더 신나는 골판지 썰매!
눈썰매장보다 더 짜릿한 풀밭 썰매장!
풀 사이를 가르고 잘도 미끄러진다!

① 골판지 상자 뚜껑을 모두 안으로 밀어넣어.

② 옆으로 세워서 눌러 접어.

③ 끈을 끼우고 묶은 다음 옆면을 포장용 테이프로 붙여.

④ 끈 달린 쪽을 접어서 세워.

신난다! 더 넓게 이어 붙이자!

골판지 자동차

뛰뛰! 뛰뛰! 자동차가 나가신다!
"내가 만든 골판지 자동차다!"
"헤헤, 스포츠카보다 더 멋지다, 멋져!"
반짝반짝 짜자잔! 자동차가 기차로 뚝딱!
골판지 기차가 은하수 건너 달나라까지!

빵빵 자동차가 나가신다!
어느 자동차가 저기까지
빨리 갔다 올까?
붕붕 달려라, 달려!

혼자 타는 자동차

① 골판지 상자 위 뚜껑을
세워서 이어 붙이는데
빗금 친 곳은 접어서 붙여.
아래 뚜껑은 모두 잘라 내.

② 손잡이를 오려 내.
바퀴를 그리고
오려낸 다음
양면테이프로 붙여.

③ 유성펜과 물감으로
마음껏 꾸며.

둘이 타는 자동차

① 골판지 상자 위 뚜껑을
점선대로 자르고
아래 뚜껑은 모두 잘라 내.

② 위 뚜껑 남은 부분을
포장용 테이프로 이어 붙인
다음 손잡이를 오려 내.
바퀴를 그리고 오려서는
양면테이프로 붙여.

③ 유성펜과 물감으로
마음껏 꾸며.

기차놀이

자동차를 모두 이었더니,
기다랗고 기다란 기차다!
칙칙폭폭 땡!

자동차 앞뒤에 가위로 구멍을
뚫어서 끈으로 묶어.

어디까지 가니?

달나라까지 간다!

골판지 무한궤도

데굴데굴 굴러라, 굴러!
끝도 없이 굴러라, 굴러!
잘도 잘도 구른다, 골판지 무한궤도!

① 골판지 상자 두 개를 모서리
 한 곳만 잘라서 길게 펼쳐.

② 포장용 테이프로 상자를
 이어 붙이고, 갈라진 곳도
 튼튼하게 붙여.

③ 양쪽 끝을 이어 붙여.

담요 장애물도
데굴데굴 넘으니까
더 재밌다!

누가
더 빨리
가나?

골판지 집짓기

골판지만 있으면 커다란 집 하나 뚝딱!
커다란 문으로 우리가 들락날락
오세요 오세요, 우리 집에 놀러 오세요!

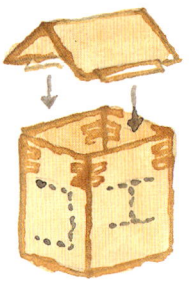

① 골판지 상자 위 뚜껑을 세워서 포장용 테이프로 이어 붙여. 또 다른 골판지 상자를 잘라서 지붕을 만들어.

② 문이랑 창문을 칼로 오려 내. 지붕을 씌우고 테이프로 안팎을 붙여.

③ 유성펜과 물감으로 집을 꾸며.

골판지 나무

골판지에 나무와 반원 모양 받침대를 그려서 오려. 나무 밑동과 받침대에 홈을 내.

나무와 받침대를 '十'자로 엇갈려 끼워.

골판지 이층집

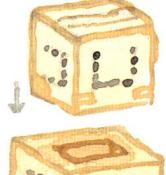

① 큰 상자는 1층 작은 상자는 2층. 1층은 위 뚜껑을 점선대로 오리고 2층은 아래 뚜껑을 내려서 모서리를 테이프로 다 이어 붙여.

② 점선대로 오려서 문이랑 창문을 내. 1층 위에 2층을 얹은 다음 테이프로 안쪽을 붙여.

③ 유성펜과 물감으로 이층집을 꾸며.

골판지 가게

표시한 부분을 잘라 아래로 내려서 선반을 만들어. 밑에다 상자나 책을 받쳐서 가게를 꾸며.

골판지 로봇

① 작은 상자는 머리 큰 상자는 몸통이야. 점선대로 상자를 오려 내.

② 머리를 몸통 위에 올리고 테이프로 튼튼하게 붙여.

③ 골판지를 잘라 붙이고 유성펜과 물감으로 로봇을 꾸며.

굴 장애물 시합

길이가 같은 상자로 굴 두 개를 만들고 두 편으로 나눠.
두더지처럼 뽈뽈뽈 굴속을 기어가.
작은 상자를 돌아서, 빨리 오는 편이 이겨.

골판지 미로

골판지 구멍이 요리조리 조리요리.
어질어질 골판지 미로, 짜릿하다 미로.

① 골판지 상자 양쪽에다 드나들 수 있게 구멍을 내.

② 두 개를 맞대어 테이프로 단단히 이어 붙여.

③ 계속 이어 붙여.

나무야 나무야 늘푸른 나무야

찬바람이 쌔앵쌔앵
흰 눈이 소복소복
코끝이 시리도록 추운 겨울.
매서운 추위가 꽝꽝 다 얼려도
끄떡없는 나무야 늘푸른나무야.
한겨울 칼바람 맞고도
푸른빛 싱싱함을 뽐내는
늠름한 나무야 늘푸른나무야.
늘푸른나무가 있어 우리도 늘 푸르다.
추위 따위 홀랑 잊고
흥겹게 논다, 씩씩하게 논다!

솔방울로 나무 맞히기

"솔방울 열 개 모아 왔어!"
"솔방울로 저기 있는 나무 맞혀 보자!"
"히히, 나는 열 개 다 맞혀야지."

솔방울 던져 넣기

얍! 얍! 얍! 둥지 안에
솔방울 던져 넣기다!
금 밟으면 안 돼!
누가 많이 던져 넣을까?

솔방울 차 넣기

"나는 공격!" "잉, 나는 수비!"
나란히 서 있는 나무 두 그루 앞에다 솔방울을 놓아.
나무 사이로 솔방울을 차 넣으면 골인이야.
누가 누가 더 많이 넣을까?

① 소나무 ② 곰솔
③ 리기다소나무 ④ 잣나무
⑤ 스트로브잣나무 ⑥ 섬잣나무

솔잎 둥지 만들기

소나무 밑에 소복소복 마른 솔잎!
발로 모아서 쌓고 또 쌓아
가운데를 벌리면 멋진 솔잎 둥지!

잣불 놀이

정월대보름에 한 해 운세를 점치던 잣불 놀이!
잣이 끝까지 활활 타면 한 해 운세가 좋고
다 안 타고 꺼지면 한 해 운세가 나빠.
믿거나 말거나 재미로 하는 거야.
불은 위험하니까 어른하고 함께 해.

잣불 덕담 놀이

남이 잘되기를 비는 말이 덕담이야.
주로 새해에 나누는 말이지. 덕담을 준비하고
모두 둥글게 둘러앉아서 잣에 불을 붙여 돌려.
잣불을 든 사람은 덕담을 말하고 옆 사람한테
잣불을 넘기는 거야.
잣불이 꺼지면 벌칙이야. 얼른 옆으로 넘겨.

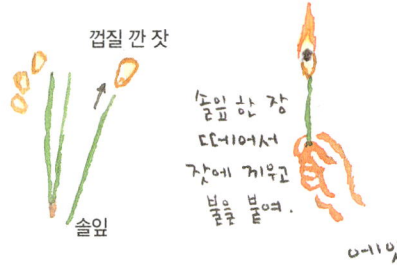

주목 씨 멀리 뱉기

빨긋빨긋 탱글탱글 빨간 주목 열매!
예쁘기도 하지만 맛도 달다.
잠깐! 까만 씨는 독이 있으니까
먹으면 안 돼!
주목 씨는 먹지 말고
멀리 뱉기 시합하자!

솔방울 쳐서 넣기

원 안에 솔방울 넣기다!
막대기로 쳐서 넣어.
솔방울 열 개를 누가 많이 넣을까?
두 편으로 나눠 해도 재미나.

솔잎 씨름

톡톡톡! 톡톡톡! 솔잎 씨름은 손가락으로 가볍게 톡톡톡!
"솔잎 씨름은 덩치가 크다고, 힘이 세다고 이기는 게 아니네!"

① 리기다소나무는 바늘잎이 세 장
잣나무는 바늘잎이 다섯 장 뭉쳐나.
잘 벌려서 거꾸로 세워.
② 넓적한 종이 상자에 원을 그려서
씨름장을 만들어.
③ 원 안에 솔잎 두 개를 세우고
손가락으로 상자를 두드려서 상대편 솔잎을
원 밖으로 밀어내거나 쓰러뜨려.

솔가지 허수아비 씨름

① 솔가지 끝에 뭉쳐난
솔잎만 남기고
다른 솔잎은 다 떼어 내.
② 솔잎 끝을
반듯하게 잘라.
③ 가지에 솔잎을 묶으면
솔가지 허수아비!
④ 솔가지 허수아비 두 개를
만들어서 종이 상자 씨름장에
세우고 허수아비 씨름을 해.

솔잎 말 씨름

① 솔잎 두 개를 놓고
바늘잎 네 장 높이가 같게
압핀으로 구멍을 뚫어.
② 다른 솔잎을 구멍에 끼워서
솔잎 말을 두 개 만들어.
③ 솔잎 말 두 개를 종이 상자 씨름장에
세운 다음, 손가락으로 두드려서
원 밖으로 밀어내거나 쓰러뜨리면 돼.

솔잎 활 쏘기

"슝슝슝! 멋진 솔잎 활! 작아도 잘 날아간다."
"방 안에서 쏘고 놀아도 작고 가벼워서 괜찮네!"

① 압핀으로
한쪽 솔잎에
구멍을 뚫어.
② 구멍에 다른 쪽
솔잎을 끼우면
솔잎 활!
③ 솔잎 한 장을
떼어 화살을
만들어.
④ 활에 화살을
걸어서는
실실 딩겨서 쏴.

솔잎 허수아비 씨름

① 솔잎을 모아. 마른 솔잎도 돼.
② 솔잎을 모아 쥐고 나란히 맞춰.
③ 솔잎 한 장을 가로로 끼운 다음 고무줄이나 실로 묶어.
④ 반듯하게 잘라.

⑤ 나뭇잎을 잘라서 눈, 코, 입을 그리고 끼우면 솔잎 허수아비!
⑥ 솔잎 허수아비 두 개를 만들어서 종이 상자 씨름장에 세우고 손가락으로 두드려서 겨뤄 봐.

솔잎 빗자루, 솔잎 붓

삐죽삐죽 솔잎, 뾰족뾰족 솔잎, 무엇이 될까?
싹싹싹 빗자루도 되고, 쓱쓱쓱 붓도 되지.

솔가지 빗자루

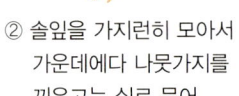

① 솔잎과 가는 나뭇가지를 구해.
② 솔잎을 가지런히 모아서 가운데에다 나뭇가지를 끼우고는 실로 묶어.

솔잎 목걸이

줄줄이 솔잎 목걸이 걸었더니 모두 다 멋쟁이!

 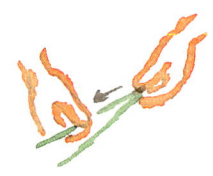 

잎집

① 잎집이 튼튼한 솔잎을 모아.
② 잎집을 쥐고 솔잎 한 장을 빼내.
③ 솔잎 끝을 잎집에 끼워 넣어서 고리를 만들어.
④ 고리를 계속 이어서 꿰어.

사철나무 잎 저울

끄덕끄덕 아슬아슬 사철나무 잎 저울 참말로 재미나다!

① 솔잎 두 개를 사철나무 잎에 끼워.

② 두 개 만들어.

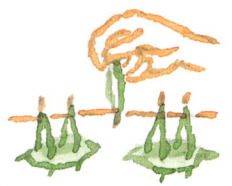
③ 솔잎에 가는 나뭇가지를 걸고 나뭇가지 양쪽에 사철나무 잎을 걸어.

④ 균형을 맞추면서 사철나무 잎에 남천 열매를 올려.

남천 · 줄사철나무 · 사철나무

회양목

사철나무 잎 바람개비

팽글팽글 사철나무 잎 바람개비 잘도 돈다!

① 사철나무 잎에 가는 풀대를 잘라서 끼워.

② 엄지손가락과 집게손가락으로 풀대 양쪽 끝을 쥐고 불어.

남천 열매 창던지기

"남천 잎하고 열매루 창을 만들었어."
"슈웅슈웅! 누가 멀리 던질까?"

① 잎자루 끝에 열매를 끼워.

② 집게손가락과 가운뎃손가락 사이에다 끼우고 던져.

크리스마스트리

기다리고 기다리던 크리스마스!
반짝반짝 반짝이는 크리스마스트리!
따뜻한 마음 담은 크리스마스트리 카드!

솔방울 크리스마스트리

① 솔방울에 포스터물감을 칠해.

② 병뚜껑에 솔방울을 글루건으로 붙여.

③ 두꺼운 종이로 만든 별이랑 남천 열매를 붙여서 꾸며.

남천 크리스마스트리

① 솔가지 솔잎을 짧게 잘라.

② 소나무 껍질을 깎은 받침대에 끼워.

③ 솔잎 끝에 목공풀을 바르고, 남천 열매에 구멍을 뚫어.

④ 솔잎에 남천 열매를 다 끼우면 완성!

스트로브잣나무 크리스마스트리

스트로브잣나무

① 휘어진 잣송이를 바로 펴서 포스터물감을 칠해.

② 소나무 껍질을 칼로 깎아서 밑동을 만들고 잣송이를 목공풀로 붙여.

③ 종이 별과 남천 열매를 목공풀로 붙여서 꾸며.

동무한테 선물해야지.

향나무 크리스마스트리

① 휘어진 가지를 바로 펴. 소나무 껍질을 깎아 만든 받침대에 구멍을 뚫고 향나무 가지를 꽂아.

② 색색깔 방울 솜을 목공풀로 붙여서 꾸며.

멋지다. 크리스마스트리!

금세 다섯 개나 만들었어.

크리스마스트리 카드

따뜻한 마음을 담은 크리스마스 카드 누구한테 보낼까?

① 측백나무 잎 뒤에다 목공풀을 발라.

② 카드 종이에 측백나무 잎을 잘 눌러 붙여.

③ 색종이로 예쁘게 꾸며.

크리스마스 장식

솔가지, 솔방울, 주목 열매만 있으면
세상에서 가장 멋진 크리스마스 장식 뚝딱!

솔가지 크리스마스 장식

① 솔가지에 끈을 묶어서 고리를 만들어.

② 솔방울 비늘에 가는 철사를 돌려 끼우고 주목, 향나무와 찔레 열매와 함께 솔가지에 묶어.

측백나무 크리스마스 장식

① 두꺼운 종이를 오려서 지름 15센티미터, 폭 1.5센티미터짜리 원을 만들어. 위쪽에 비닐테이프로 실을 붙여서 벽에 걸 고리를 만들어.

② 측백나무 잎 뒤에 목공 풀을 발라서 종이에 붙여. 빈틈이 없게 겹쳐 붙여.

③ 흰 실로 만든 리본과 남천 열매를 붙여서 꾸며.

늘푸른나무 가지 몇 개를 묶기만 해도 멋진 장식이 돼.

솔방울만 붙여도 멋지다!

솔방울 크리스마스 장식

① 측백나무 크리스마스 장식에서처럼 종이를 오리고 실을 붙여 고리도 만들어.

② 글루건으로 솔방울을 종이에 붙여.

③ 솔방울을 빙 돌려 붙이고 남천 열매도 붙여서 꾸며.

늘푸른나무 크리스마스 장식

"얘들아, 우리 동네에서 늘푸른나무를 찾아보자."
"아파트, 공원, 뒷산까지 샅샅이 찾아보는 거야."
"늘푸른나무 가지 몇 개씩만 가지고
예쁜 크리스마스 장식도 만들자."

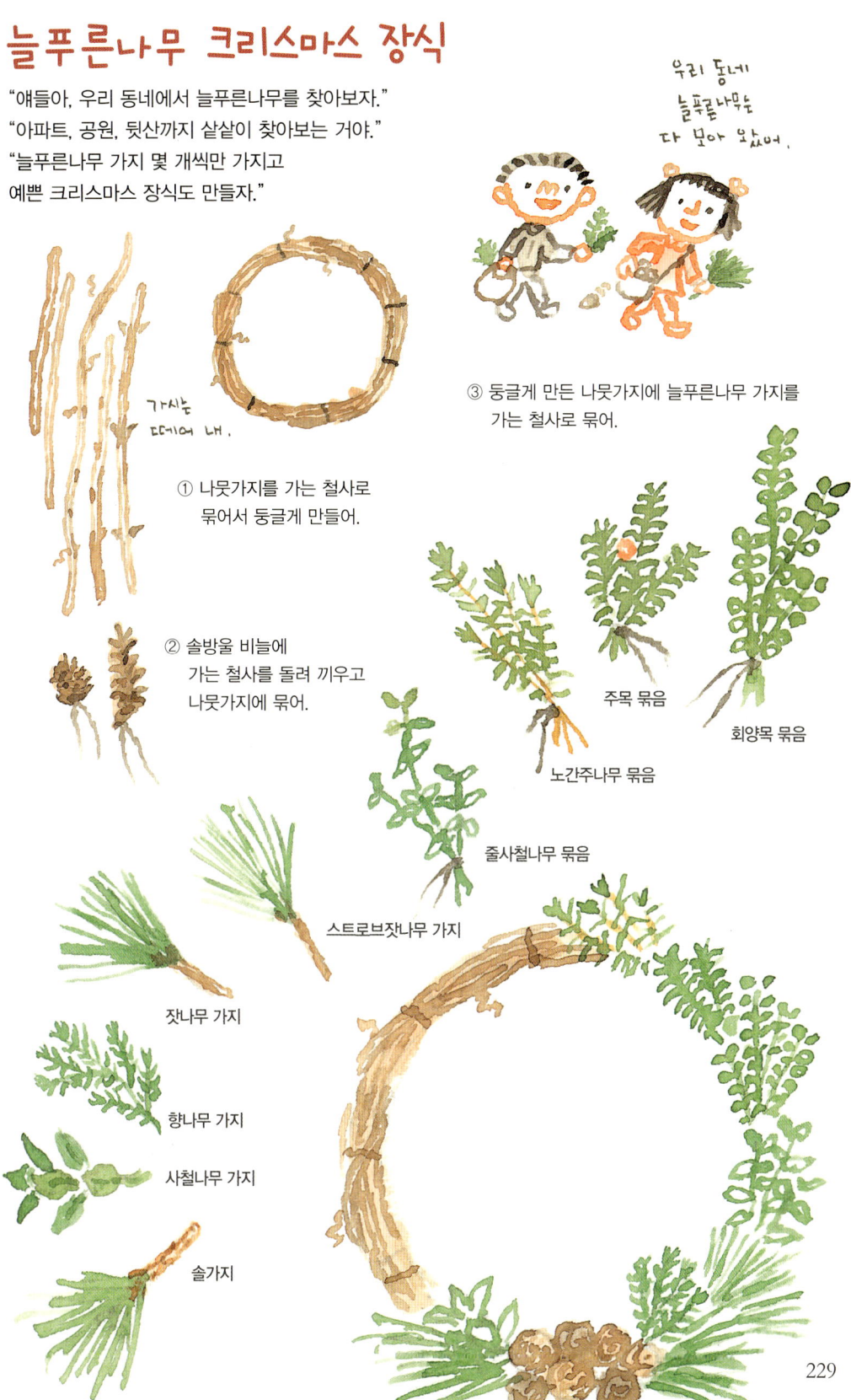

겨울밤 별자리 관찰

겨울밤 하늘은 맑디 맑아
별이 유난히 반짝여.
"야, 오리온자리다!"
별 네 개 안에 별 세 개가 쪼로로 있네.
"찾았다, 찾았어. 오리온자리 찾기 쉽네!"
"저기 시리우스다!"
큰개자리 시리우스는
눈부시게 빛나는 별.
좀생이별 찾아서 점치기 해 볼까?
"보름달이랑 좀생이별이랑
북쪽에 남쪽에……. 오오, 풍년!"
정월 대보름달 보면서 점치기 해 볼까?
보름달이 붉으면 가물고
희면 장마지고
노란색이면 풍년이 든다지.
"정월 대보름달이 크고 샛노라니까
올해는 풍년일세, 풍년!"
올해는 좋은 일만 가득해라!

좀생이별(플레이아데스성단) 보기

좀생이별은 플레이아데스성단이야.
별들이 좀스럽게 모여 있어서 좀생이별!
맨눈으로 보면 희뿌옇게 보이지만
쌍안경으로 보면 반짝반짝 빛나는
아름다운 성단이 보여.

좀생이별 농사점 치기 ❶

옛날엔 정월 대보름날 좀생이별이랑 보름달을 보고 한 해 농사를 점쳤어.
우리도 좀생이별을 보며 점을 쳐 보자.

정월 대보름달이 좀생이별보다 북쪽에 있으면 산골에 풍년이 들어.

정월 대보름달이 좀생이별보다 남쪽에 있으면 바닷가에 풍년이 든대.

좀생이별 농사점 치기 ❷

정월 대보름달을 '밥', 좀생이별을 '아이들'로 치고는
보름달이 좀생이별보다 서쪽에서 앞질러 가면 흉년이 든다고 점쳤어.

정월 대보름달이 좀생이별보다 동쪽에서 뒤따라가면 풍년이 든다고 점쳤어.

작은 제목으로 찾아보기

반가운 봄 놀이터

봄나물 놀이
봄나물하기 13
나물 이름 맞히기 14
나물 맛보기 15
봄맛 가득 비빔밥 16
봄나들이 총총 주먹밥 16
봄맞이 냉이된장국 17
봄 내음 물씬 샌드위치 17
봄 봄 봄 나물모둠전 18
봄 사랑 퐁퐁 꽃전 18
풀꽃 바람개비 ①②③ 19
쇠뜨기 놀이 19
풀꽃 씨름 20
머위 가면 20
머위 국자 20
머위 김밥 20
꽃팔찌 21
꽃반지 21
꽃머리띠 21
꽃안경 21
꽃목걸이 21

봄꽃 놀이
벚꽃잎 받아 먹기 23
꽃 피우기 24
진달래꽃 맛보기 24
진달래 꽃술 씨름 24
꽃목걸이랑 꽃머리띠 25
꽃머리핀 25
백목련 꽃잎 그림 그리기 26
수수꽃다리 꽃잎 찾기 26
벚꽃잎 날리기 26
봄에 맨 처음 본 나비는? 27

땅 놀이, 흙 놀이
땅바닥에 그림 그리기 29
달팽이 놀이 30
팔(8)자 놀이 31

땅따먹기 32
두꺼비집 짓기 33
흙공 깨기 33
깃대 쓰러뜨리기 34
숨은 글자 찾기 34
맨발로 숲길 걷기 35
흙 파기 35
흙 체 치기 35
흙 반죽 35
찰흙으로 만들기 35
찰흙 던지기 36
찰흙 길게 늘이기 36
흙물로 얼굴 꾸미기 36
흙속 벌레 찾기 36
흙속에 사는 벌레 37

돌멩이 놀이
돌멩이 찾기 39
돌탑 쌓기 39
돌탑 쓰러뜨리기 39
돌멩이 절구 40
망 던져 넣기 40
망 줍기 41
망 차기 41
비석치기 42
돌 돌 돌 돌멩이 얼굴 43
많은 공기 43
다섯 알 공기 44
터널 공기 45
코끼리 공기 45
바보 공기 45

신나는 여름 놀이터

여름 놀이
땅 안 밟기 술래잡기 51
집짓기 52
덩굴 그네 52

나뭇잎 가면 52
풀, 덩굴 머리띠 53
모래찜질 54
모래성 쌓기 54
닭싸움 55
모래공 놀이 55
보물찾기 56
조개껍데기 목걸이 57
깃털 펜 57
나무껍질 배 57
갯바위 게 낚시 58
말미잘 물총 58
갯바위 탐험 58
갯바위 물웅덩이 통발 59

텃밭 놀이, 꽃밭 놀이
토란잎 모자 61
토란잎 가면 61
토란잎 물방울 굴리기 61
채소 찍기 62
파 피리 62
도장 찍기 63
채소 팽이 63
고구마잎 목걸이 64
꽃 낙하산 64
깨꽃 꿀 먹기 64
봉숭아 물들이기 65
봉숭아 씨앗 폭탄 65
초롱꽃 손가락 인형 65
분꽃 놀이 66
꽃머리띠 67
코스모스 꽃머리핀 67

숲 놀이
숨바꼭질 68
매미 술래잡기 69
나무에 매달리기 69
토끼와 사냥꾼 70
보물찾기 70
움집 짓기 71
통나무 건너기 72

흔들흔들 균형 잡기 72
나무 타기 ①② 72
아주아주 커다란 새 둥지 73
그네 만들기 73
외줄 그네 만들기 73

잎사귀 놀이
잎사귀 찾기 75
나뭇잎 수건돌리기 75
신갈나무 잎 이름표 76
신갈나무 잎 볼록 목걸이 76
신갈나무 잎 바가지 76
신갈나무 잎 그릇 76
신갈나무 잎 신발 깔개 76
잎사귀 피리 77
잎사귀 폭탄 78
솔잎 씨름 78
나뭇잎 머리핀 79
두충나무 잎사귀 놀이 79
즙이 나오는 잎사귀 80
질경이 실 뽑기 80
맛있는 잎사귀 81
네 잎 토끼풀 찾기 81

벌레 잡기 놀이
벌레 찾기 83
풍뎅이 마당 쓸기 83
방아벌레 방아 찧기 83
공벌레 놀이 83
벌레 잡기 84
덫으로 벌레 잡기 85
잠자리채로 벌레 잡기 86
왕잠자리, 밀잠자리 낚시 87
잠자리 놓아주기 87
개미귀신 낚시 87
무당벌레 시소 놀이 88
왕거위벌레 알집 보물찾기 88
왕거위벌레 키우기 88
하늘소 돌드레 89
잠자리 돌드레 89
애벌레 놀이 ①② 89

물놀이
물똥싸움 91
물 공놀이 91
물총 놀이 92
대나무 물총 만들기 92
귀에 들어간 물 빼기 92
페트병 물놀이 93
숨 참기 놀이 93
해녀 놀이 93
우유갑 뗏목 놀이 94
스티로폼 뗏목 놀이 94
조릿대 돛단배 95
소나무 껍질 돛단배 95
종이배 접기 95
우유갑 돛단배 95
페트병 통발로 물고기 잡기 96
풀 묶음으로 잡기 96
어항으로 잡기 97
둑 쌓기 97
족대로 잡기 98
물고기 관찰하기 98
물속 관찰 물안경 98
산골짜기에 사는 물고기 99
강 중상류에 사는 물고기 99
강 중류에 사는 물고기 99
논이나 저수지에 사는 물고기 99

여름밤 놀이
그림자밟기 100
어부술래잡기 101
진치기(다방구 놀이) 101
등불에 모이는 곤충 102
숲길에서 만난 곤충 103
잠자는 식물 103

재미난 가을 놀이터

한가위 놀이
한가위 달맞이 109
보름달 숨은그림찾기 109
동대문 놀이 109
기와밟기 110
기와밟기 시합 110
솔잎 떼어 내기 111
질경이 제기 111
갈대 창던지기 111
칡줄 돌리기 112
긴 줄넘기 112
긴 줄넘기 시합 112
칡 줄다리기 113
칡 고리 걸기 113
엉덩이 씨름 114
손바닥 씨름 114
무릎 씨름 114
팔씨름 114
돼지 씨름 114
게 씨름 115
줄 씨름 115
외발 씨름 115
어깨 씨름 115
손 씨름 115

가을벌레 놀이
벌레 소리 듣기 118
귀뚤귀뚤 누굴까? 118
매미 피리 118
도토리깍정이 피리 119
종이 피리 ①② 119
귀뚜라미 잡기 120
귀뚜라미 기르기 120
여치, 베짱이 잡기 121
여치, 베짱이 기르기 121

낙엽 놀이
낙엽 잇기 놀이 123

233

작은 제목으로 찾아보기

낙엽 모으기 124
낙엽 둥지 125
낙엽 이불 125
낙엽 뿌리기 125
낙엽 잡기 125
낙엽 조각 맞추기 126
줄줄이 낙엽 커튼 126
낙엽 카드 만들기 126
낙엽 카드 짝 맞추기 126
낙엽 찾기 ①②③ 127
낙엽 그림 128
골판지 낙엽 왕관 128
은행잎 장미 128
양버즘나무 낙엽 왕관 128
낙엽 비행기 129
낙엽 동물 만들기 129

열매 놀이, 풀씨 놀이
도깨비바늘, 도꼬마리 열매
  맞히기 131
씨앗 튕기기 131
쇠무릎 옷 꾸미기 132
도꼬마리 낚시 132
열매 붙이기 132
과녁 맞히기 132
풀씨 모으기 133
풀씨 소꿉놀이 133
강아지풀 겨루기 134
수크령, 강아지풀 왕관 134
수크령, 강아지풀 수염 135
강아지풀 애벌레 135
바랭이 씨름 135
들깨풀 허수아비 136
억새 부엉이 136
망초 창던지기 137
망초 풀대 꽃다발 137
제비꽃 열매 쌀밥 보리밥 137
미국자리공 열매로
  몸 꾸미기 137
미국자리공 열매로
  그림 그리기 138

풀씨 그림 그리기 138
풀대 도장 찍기 139

가을 열매 놀이
모아라, 열매 141
열매 던져 넣기 141
멧돼지와 도토리 놀이 142
도토리 구슬치기 143
도토리 구슬 넣기 143
도토리깍정이 쌓기 144
칠엽수 열매 껍질 윷놀이 144
깍정이 쭉정이 장승 144
깍정이 손가락 인형 144
도토리 팽이 145
다람쥐 밥상 145

씩씩한 겨울 놀이터

눈 놀이, 얼음 놀이
눈송이 받아 먹기 151
눈 결정 보기 151
눈이불에 눕기 151
눈폭탄 152
눈썰매 152
눈싸움 152
눈발자국 그림 153
눈사람 만들기 153
눈인형 153
눈집 ①② 154
눈 과녁 맞히기 154
고드름 놀이 155
눈낚시 155
얼음 놀이 155

바람 놀이
씨 날리기 157
종이 가중나무 씨 날리기 158
종이 단풍나무 씨 158

종이 마 씨 158
세 날개 헬리콥터 158
종이 씨 멀리 날리기 158
색종이 연 ①② 159
쉬운 종이 연 159
비닐봉지 연 160
비닐 연 160
가오리연 161
방패연 162
연날리기 163
페트병 얼레 163

나뭇가지 놀이
겨울 나뭇가지 숨은그림찾기 165
나뭇가지 모으기 165
나뭇가지 손에 세우기 166
나뭇가지로 모양 만들기 166
나뭇가지 균형 잡기 166
나뭇가지 잡기 시합 166
투호 놀이 167
나뭇가지 세우기 167
산가지 놀이 167
나뭇가지 이름표 167
자치기 놀이 168
새총 ①②③ 170~171
나뭇가지 멀리 던지기 171
나뭇가지 창던지기 171
나뭇가지 활 172
불붙이기 172

깡통 놀이
쥐불놀이 175
불 깡통 만들기 175
깡통 말 타기 175
깡통 술래잡기 176
깡통 숨바꼭질 177
깡통 물고기 낚시 177
깡통 활쏘기 178
깡통 쓰러뜨리기 178
깡통 피리 ①②③ 179
깡통 고무 동력차 180

깡통 쌓기 180
깡통 판화 찍기 181

손 놀이
전기 놀이 183
쌀보리 놀이 183
손가락 씨름 183
손뼉치기 184
손가락 알아맞히기 184
묵찌빠 놀이 185
손피리 ①② 185
그림자놀이 186
손가락 뜨개질 187
손도장 찍기 188
손바닥 찍기 189

실 놀이
실 전화 191
단추 실팽이 192
종이 실팽이 192
실뜨기 실 고리 잇기 193
실그림 193
실 찍기 193
손뼉치기 실뜨기 194
톱질하기 실뜨기 195
둘이 하는 실뜨기 196

종이 놀이
신문지 찢기 놀이 201
신문지 리본체조 201
신문지죽 던지기 201
한 장으로 딱지 접기 202
두 장으로 딱지 접기 ①②
 202~203
딱지치기 ①② 203
딱지 날리기 203
종이 바람개비 ①② 204
손가락 바람개비 204
종이 팽이 ①② 205
나무젓가락 종이 새총 206
손가락 종이 새총 206

색종이 왕관 비행기 207
종이 왕관 비행기 207
왕관 비행기 놀이 207
뾰족 비행기 208
총알 비행기 만들기 208
종이비행기 날리기 208
삼각 비행기 ①② 209
오징어 비행기 209

골판지 놀이
동동 둥둥 물오리들아! 211
까딱까딱 까치야! 212
톡! 톡! 소금쟁이 213
골판지 깃털 머리띠 213
골판지 미끄럼장 214
골판지 썰매 215
골판지 자동차 216
혼자 타는 자동차 216
둘이 타는 자동차 216
기차놀이 217
골판지 무한궤도 217
골판지 집짓기 218
골판지 이층집 218
골판지 로봇 219
골 징애물 시힙 219
골판지 미로 219

늘푸른나무 놀이
솔방울로 나무 맞히기 221
솔방울 던져 넣기 221
솔방울 차 넣기 221
솔잎 둥지 만들기 221
잣불 놀이 222
잣불 덕담 놀이 222
주목 씨 멀리 뱉기 222
솔방울 쳐서 넣기 222
솔잎 씨름 223
솔가지 허수아비 씨름 223
솔잎 말 씨름 223
솔잎 활쏘기 223
솔잎 허수아비 씨름 224

솔잎 빗자루, 솔잎 붓 224
솔잎 목걸이 224
사철나무 잎 저울 225
사철나무 잎 바람개비 225
남천 열매 창던지기 225
크리스마스트리 226
크리스마스트리 카드 227
크리스마스 장식 228
늘푸른나무 크리스마스 장식 229

동식물 이름으로 찾아보기

가막살나무 140
가문비나무 220
가시칠엽수(마로니에) 140
가죽나무 165
가중나무 157, 158
각시붕어 99
갈대 111
갈색여치 103
갈참나무 22, 142, 145
갈퀴덩굴 13
감나무 123, 129
감자 63
강아지풀 121, 133, 134, 135
개갓냉이 131
개나리 22, 24, 25, 74, 164
개량조개 57
개망초 12, 16, 18, 53, 103
개머루 140
개미귀신(명주잠자리 애벌레) 37, 87
개불알풀 14
개비름 78
개암나무 22, 74, 164
개여뀌 121, 133, 138
개울타리고둥 59
개잎갈나무 220
갯강구 59
거북손 58
거세미나방 애벌레 37
거위벌레 84
검은다리실베짱이 117
게 58
계수나무 122
고구마 62, 63, 64
고둥 58
고들빼기 12
고방오리 210
고추 62
고추좀잠자리 82

곰개미 37
곰솔 78, 221
공벌레 37, 83
광대나물 13, 17, 18
광대노린재 82
괭이밥 13, 16, 81, 103, 131
구상나무 220
구슬우렁이 56
국수나무 124
굴 57
굴참나무 142, 143
귀뚜라미 120, 121
귀룽나무 23
극동귀뚜라미 116
금강아지풀 134
금계국 64, 67
긴꼬리 116
긴꼬리쌕쌔기 117
긴날개여치 116
까마중 78, 130
깨꽃 64
꺽지 99
꼬리박각시 82
꼬마검정송장벌레 102
꼬막 56
꽃다지 12, 17
꽃등에 82, 84
꽃마리 13, 16
꽃무지 애벌레 89
꽃벌류 37
꽃사과 140
끝검은말매미충 102
끝마디통통집게벌레 37

나비 84, 86
날베짱이 102, 117, 121
남천 140, 225, 226
납자루 99

냉이 12, 16, 17, 18
넓적부리 210
넓적사슴벌레 103
넓적송장벌레 37
네발나비 27
노간주나무 220, 229
노랑나비 27
노랑뒷날개나방 102
노린재 84
노박덩굴 74, 140
녹슨은방아벌레 83
누리장나무 74, 78, 140, 165
누치 99
눈알고둥 59
느티나무 122

다닥냉이 12, 16
다래덩굴 52
단풍나무 122, 156, 158, 164
달맞이꽃 15, 133, 138
달팽이 37
담쟁이덩굴 74, 122
담황줄말미잘 58, 59
당근 63
당단풍나무 124
대나무 92
대수리 56, 59
대왕참나무 142
댕기흰죽지 210
댕댕이덩굴 53, 124
도깨비바늘 131, 132
도꼬마리 131, 132
도토리 56, 133, 141, 143, 144, 145
돌고기 99
돌나물(돈나물) 15, 17
돌마자 99
돌콩 78, 130

돌피 121
돼지감자 128, 139
돼지풀 128
두충나무 79
들깨풀 136, 139
등나무 141, 165
등얼룩풍뎅이 82, 83, 102
따개비 58, 59
땅강아지 37, 116
땅노린재 37
땅늑대거미 37
땅지네 37
떡갈나무 142

리기다소나무 78, 220, 221, 223

마 156, 158
마가목 140
마름 50
말미잘 58
망초 53, 137, 139, 157
매미 86
매부리 117
매실나무 23
맵싸리 56
머위 20
먼지벌레류 37, 85, 102
멋쟁이딱정벌레 37, 82, 85
멍석딸기 74
메기 99
메부리 121
메타세쿼이아 122, 141
멧노랑나비 27
며느리배꼽 81, 130
명아주 78, 133, 139

명주잠자리 102
명주잠자리 애벌레(개미귀신) 37, 87
모감주나무 141
모과나무 23
모래무지 99
모자반 56
목련 22, 24, 140, 164
무 8
무궁화 74, 122
무늬발게 59
무당벌레 88, 102
무시바노린재 102
물결자나방 애벌레(자벌레) 89
물봉선 131
물오리나무 22, 141, 164
물푸레나무 165
미국가막사리 131, 139
미국자리공 78, 130, 137, 138
미꾸라지 99
미꾸리 99
미나리 14, 16, 18
민꽃게 59
민달팽이 37
민들레 16, 18, 10, 21
민들조개 57
밀잠자리 82, 87

바구미 84
바랭이 67, 121, 134, 135
박주가리 78, 80, 157
반날개류 37, 85
밤색무늬조개 57
방가지똥 12
방아벌레 83
방아벌레류 애벌레 37
배초향 133
배추흰나비 27

배풍등 130
백목련 22, 26, 123, 129, 164
버들치 99
벌 84
벚꽃 25, 26
벚나무 23, 78, 79, 123
베짱이 117, 121
벼룩나물 13, 17
별꽃 13, 16, 18
복사나무 23
복자기 122, 156
봉숭아 65
북쪽비단노린재 82
분꽃 66, 67
붉나무 124
붉은서나물 139, 157
붉은토끼풀 21
붕어 99
비단가리비 56
비오리 210
빗살방아벌레 102
뽀리뱅이 14
뽕나무 122
뿔나비 27

사각게 59
사위질빵 53, 74, 157
사철나무 77, 225, 229
산딸기 74, 124, 129, 165
산맴돌이거저리 103
산사나무 122, 140
산수유 22, 74, 140, 164
산씀바귀 80
산철쭉 22, 122
산초나무 74
산호랑나비 애벌레 89
살갈퀴 130
살구나무 23

샛갓조개 56
상수리나무 124, 142, 143, 145
생강나무 22, 24, 74, 124, 164
서양등골나물 78
서양민들레 14, 21, 157
서어나무 156
서해비단고둥 56
섬잣나무 221
소나무 78, 95, 157, 220, 221
소똥풍뎅이 85
소리쟁이 16
솔방울 141, 221, 222, 226, 228, 229
솔잎 25, 67, 111, 223, 224
송장벌레류 85
쇠뜨기 19
쇠무릎 78, 130, 132, 139
쇠별꽃 13
쇠오리 210
수박 63
수수꽃다리 26, 79, 123, 129, 164
수크령 67, 134, 135
쉬리 99
스트로브잣나무 78, 220, 221, 227, 229
신갈나무 76, 119, 124, 142, 145, 164
신나무 124, 156
실베짱이 117, 121
싸리 74, 124
쌕쌔기류 116, 121
쑥 12, 18
쑥갓 103
씀바귀 80

아그배나무 140, 164
아까시나무 74, 78, 165
알락귀뚜라미 102, 116
알락방울벌레 116
암먹부전나비 27

애기똥풀 15, 80
애기수영 15
애매미 102
앵두나무 23
야산알락귀뚜라미 116
양버즘나무 123, 126, 128, 129, 164
양파 62
어리호박벌 82
억새 136, 138, 157
에사키뿔노린재 82
여치 116, 121
연근 62
오동나무 156
오리나무 141
오얏나무가지나방 102
오이 62, 63
왕거위벌레 82, 88
왕고들빼기 157
왕귀뚜라미 116
왕바랭이 134
왕빗살방아벌레 82
왕잠자리 82, 87
유지매미 102
으름덩굴 74
은단풍 123
은사시나무 129
은행나무 122, 127, 128, 129, 164
음나무 164
응애류 37
일본목련 126, 129, 164
일본왕개미 37
일본잎갈나무 157
잎벌레 84

자귀나무 103
자귀풀 130
자벌레(물결자나방 애벌레) 89
자운영 19, 21

자작나무 74, 122, 156
작살나무 74, 124, 140, 164
작은주홍부전나비 82
잔날개여치 116
잘피 56
잠자리 86, 89
잣 222
잣나무 78, 220, 221, 223, 229
전나무 157, 220
점나도나물 12, 18
점박이쌕쌔기 117
제비꽃 14, 16, 18, 20, 21, 130, 137
제비나비 27
제주노린재 102
조개 58
조릿대 77, 95
조팝나무 23
족제비싸리 103
졸참나무 129, 142, 145
좀깻잎나무 74
좀씀바귀 14
좀작살나무 140
주름개미 37
주목 220, 222, 228, 229
주홍부전나비 27
줄베짱이 117
줄사철나무 225, 229
중국단풍 122, 156
중베짱이 117
쥐꼬리망초 139
쥐똥나무 140
쥐며느리 37
지렁이 37
지칭개 15
진달래 22, 24, 25
진홍색방아벌레 83
질경이 16, 20, 80, 111, 133
집게 59
짚신나물 130
짱구개미 37
쪽동백 56, 141, 164

찔레 74, 140, 164, 228

찰피나무 156
참갈겨니 99
참나무 75
참나무노린재 102
참느릅나무 157
참마자 99
참매미 102
참종개 99
철쭉 22, 24, 25
청각 56
청둥오리 210
청띠신선나비 82
청미래덩굴 124, 140
청색하늘소붙이 102
초롱꽃 65
총알고둥 59
측백나무 220, 227, 228
층층나무 124
칠엽수 140, 141, 144, 145, 164
칡 52, 53, 112, 113, 165

코스모스 64, 67, 103
큰도꼬마리 131
큰실베짱이 117
큰줄흰나비 27

탱자나무 74
털두꺼비하늘소 82
테두리고둥 56
토끼풀 19, 20, 21, 67, 81, 103

토란 61, 62
톡토기류 37
톱다리개미허리노린재 82
톱다리개미허리노린재 애벌레 82
톱하늘소 103
퉁가리 99
튤립나무 122, 129, 156

파 62
팥배나무 124, 140
편백나무 56
푸른부전나비 27
풀종다리 116
풍뎅이 83, 84
풍뎅이류 애벌레 37
피라미 99
피망 62
피뿔고둥 56

하늘소 82, 89
해바라기 139
향나무 220, 227, 228, 229
호두나무 165
호랑나비 27
호랑나비 애벌레 89
호리꽃등에 82
호박 62, 63, 84
호박벌 37, 82
호장근 156
홍머리오리 210
화살나무 122, 164
황새냉이 12, 17
회양목 141, 225, 229
회양목밤나방 102
흰깨다시하늘소 102

흰띠풀잠자리 102
흰말채나무 164
흰뺨검둥오리 210
흰죽지 210
흰줄푸른자나방 102

239

붉나무 (강우근, 나은희)

붉나무는 함께 밥 먹고 함께 놀고 함께 동네를 산책하며
아이들하고 자연에서 어떻게 놀지 늘 궁리해요.
아이들이 다 자라 자기들 세상으로 나가 노니,
이제 붉나무는 함께 놀 다른 아이들을 기다린대요.
강우근은 나무며 벌레며 풀이며 자연에 대해 모르는 게 없는 척척박사랍니다.
《박박 바가지》《딱지 따먹기》《호랑이 온다, 뚝!》 같은 어린이 책에 그림을 그렸고,
《강우근의 들꽃 이야기》《동네 숲은 깊다》를 쓰고 그렸어요.
나은희는 손으로 짓고 만들고 가꾸는 걸 좋아해서 뭐든 뚝딱뚝딱 잘 만들어요.
《배꼽손》《똑똑똑! 엄마야》《호랑이 온다, 뚝!》 같은 어린이 책에 글을 썼어요.
어떻게 하면 아이들에게 신나는 이야기를 들려 줄까 하는 생각들로 늘 설렌대요.

개똥이네 책방 38

붉나무네 자연 놀이터
자연에서 놀고 만들고 그리는 놀이 400가지

2019년 5월 1일 1판 1쇄 펴냄 | 2025년 8월 2일 1판 7쇄 펴냄

글 그림 붉나무
편집 김로미, 김성재, 이경희, 조성우 | **디자인** 최남주 | **제작** 심준엽
영업마케팅 심규완, 양병희, 윤민영 | **영업관리** 안명선 | **새사업부** 조서연
경영지원실 차수민
인쇄 (주)로얄프로세스 | **제본** 과성제책

펴낸이 유문숙 | **펴낸 곳** (주)도서출판 보리 | **출판 등록** 1991년 8월 6일 제9-279호
주소 (10881) 경기도 파주시 직지길 492
전화 031-955-3535 | **전송** 031-950-9501
누리집 www.boribook.com | **전자우편** bori@boribook.com

ⓒ 붉나무, 2019

이 책의 내용을 쓰고자 할 때는, 저작권자와 출판사의 허락을 받아야 합니다.
잘못된 책은 바꾸어 드립니다.
값 28,000원

보리는 나무 한 그루를 베어 낼 가치가 있는지 생각하며 책을 만듭니다.

ISBN 979-11-6314-037-5 73400

이 도서의 국립중앙도서관 출판시도서목록(CIP)은 서지정보유통지원시스템 홈페이지(http://seoji.nl.go.kr)와
국가자료공동목록시스템(http://www.nl.go.kr/kolisnet)에서 이용하실 수 있습니다.
(CIP제어번호: CIP2019013745)

제품명 : 도서 제조자명 : (주) 도서출판 보리 주소 : (10881) 경기도 파주시 직지길 492 전화번호 : (031) 955-3535
제조년월 : 2025년 8월 제조국 : 대한민국 사용연령 : 8세 이상 주의사항 : 책의 모서리가 날카로우니 다치지 않게 주의하세요.
KC 마크는 이 제품이 공통안전기준에 적합하였음을 의미합니다.